一览众山的杜甫

少年诗词游

熊玉萍 —— 著

长江出版传媒 ｜崇文书局

图书在版编目（CIP）数据

少年诗词游. 一览众山的杜甫 / 熊玉萍著. -- 武汉：崇文书局，2024. 10. -- ISBN 978-7-5403-7840-0

Ⅰ．K820.2-49

中国国家版本馆CIP数据核字第2024V9X992号

选题策划：程　欣
责任编辑：程　欣　靳亚兰
责任校对：董　颖
责任印制：冯立慧

一览众山的杜甫
YI LAN ZHONG SHAN DE DU FU

出版发行：长江出版传媒　崇文书局
地　　址：武汉市雄楚大街268号C座11层
电　　话：(027)87677133　　邮政编码：430070
印　　刷：武汉市卓源印务有限公司
开　　本：880mm×1230mm　　1/32
印　　张：5.5　插页：6
字　　数：95千
版　　次：2024年10月第1版
印　　次：2024年10月第1次印刷
定　　价：39.80元

（如发现印装质量问题，影响阅读，由本社负责调换）

本作品之出版权（含电子版权）、发行权、改编权、翻译权等著作权以及本作品装帧设计的著作权均受我国著作权法及有关国际版权公约保护。任何非经我社许可的仿制、改编、转载、印刷、销售、传播之行为，我社将追究其法律责任。

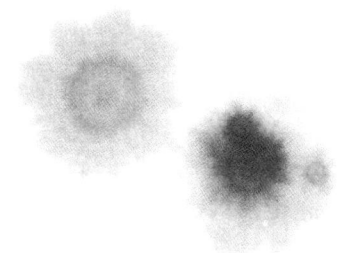

前言

"熟读唐诗三百首,不会作诗也会吟。"一说起唐诗,我们就会想到这些名字:李白、杜甫、白居易、高适……他们用不同风格的文字记录着那个时代,推动着古典诗歌走向巅峰。其中,真实记录唐代由盛到衰全过程的,非伟大的现实主义诗人杜甫莫属。他又因卓越的诗歌成就,成为中国古代诗歌艺术发展的高峰之一而被世人尊为"诗圣"。他一生创作的诗歌数量众多,约1400首被保存了下来。

他忧国忧民。出身名门京兆杜氏,长于盛唐。年少时勤奋好学,七岁就能作诗;二十岁起,开始了他的十年"裘马清狂"的漫游生活。祖国壮丽的河山和经久不衰的动人传说滋养了他的灵魂,让他有了心怀天下的胸襟和气概。

在世代"奉儒守官"的家庭氛围影响下,杜甫从小就

立下了"致君尧舜上,再使风俗淳"的远大志向。可他在实现理想的路途中,挫折不断。杜甫两次科考失败,在长安投诗干谒十年,才得到一个负责看守兵甲器仗、管理门禁锁钥的小官职,可还未上任,安史之乱就爆发了。杜甫在逃亡途中冒着生命危险投奔肃宗,好不容易获得左拾遗的官职,但上任才几个月就被贬。因为躲避接连不断的战乱,杜甫先后流亡到秦州、成都,后来又到了夔州等地,最后病死在湘江途中。

虽然杜甫一生颠沛流离、穷困潦倒,但他从没忘记自己的初衷,无时无刻不在关心着国家和人民。当看到统治阶级肆意挥霍那些搜刮来的财物,想起长安街头的饿殍,他悲愤不已:"朱门酒肉臭,路有冻死骨。"当经过战乱后破败的城池,他悲凉地写道:"国破山河在,城春草木深。"当秋风将自己住的茅草屋顶刮走时,他想到和自己一样苦难的人民,呐喊道:"安得广厦千万间,大庇天下寒士俱欢颜,风雨不动安如山。"

他关注现实。特殊的经历让他对统治阶级和底层人民的生活都有很深的了解,因而他的诗歌几乎都是现实的真实写照。漫游时,他写祖国的壮丽河山;流亡时,他写逃难路上的见闻;居住在草堂时,他写堂前的花鸟虫鱼……

他的诗歌，充满了对人民苦难生活的同情和关爱。反映送别征夫时惨状的《兵车行》，记录他从洛阳返回华州途中见闻的"三吏三别"，听闻蜀中大乱所写的《绝句三首》等，深刻反映了那个复杂、动荡的历史时代，因而他的诗也被称为"诗史"。

他诗歌的题材非常广泛，不仅用律诗写应酬、咏怀、羁旅、宴游及山水，还用它写时事。他的诗汇集了以前一切诗人的精华，成了超越前人的又一高峰。他诗艺精湛，善于运用比喻、拟人、对比等修辞手法，将律诗写得纵横恣肆，极尽变化之能事，合律而又看不出声律的束缚，工整而又看不出对仗的痕迹。

他的诗歌，特别是山水诗就像一幅幅美妙绝伦的画卷，因而他的诗又被誉为"图经"。

杜甫以后的诗人极少不受杜甫影响，都把他当成圣人一般的存在。这位命运多舛的诗人，用他沉郁顿挫的神妙之笔，以"一览众山"的博大胸襟，为国家和人民代言，直到生命的最后一息。

目 录

第一章 崭露头角（712—731）
谁还不是个宝宝　　　　　　　　　　2
天才是这样炼成的　　　　　　　　　6
文气响当当　　　　　　　　　　　　11

第二章 旅游达人（731—735）
世界这么大，去看看　　　　　　　　18
谁不说江南好　　　　　　　　　　　23
瓦官寺奇观　　　　　　　　　　　　28
朋友陪伴真惬意　　　　　　　　　　33

第三章　快意青春（735—741）

少年不知愁滋味　　　　　　　　42

和祖父拼诗　　　　　　　　　　45

泰山，我来了　　　　　　　　　50

最佳驴友团　　　　　　　　　　54

第四章　首阳定居（741—744）

月是故乡明　　　　　　　　　　64

万一理想实现了呢　　　　　　　68

第五章　遇见李白（744—745）

变身小迷弟　　　　　　　　　　76

三人行，必疯狂　　　　　　　　81

天下没有不散的筵席　　　　　　86

第六章　官场沉浮（745—759）

考场遇黑幕　　　　　　　　96

屋漏偏遭连夜雨　　　　　100

往事成追忆　　　　　　　104

终于入职了　　　　　　　107

乱时流亡记　　　　　　　111

哄皇帝咋就这么难　　　　116

乱后写真图　　　　　　　120

盼望复兴情切切　　　　　125

第七章　蜀中岁月（759—765）

草堂的日常　　　　　　　134

流亡生活何时了　　　　　139

幕府生活很无奈　　　　　144

第八章 魂归故里（765—770）

我是一名自由的歌者　　152

那些前尘往事　　156

归去，旧梦无痕　　159

第一章 崭露头角
（712—731）

就在孩子呱呱落地时，笔架山上突然冒出一道金光，直冲云霄。顿时，瑶湾水变得五光十色，美丽极了。不一会儿，瑶湾上空鲜花绽放，紧接着，花儿像雨点一样飘落，霎时遍地生香。大家见状，欣喜不已，纷纷跪拜，说这是文曲星下凡的征兆。

一览众山的
杜甫

谁还不是个宝宝

河南省巩县东二里瑶湾（今属巩义市），是杜甫出生的地方。这里风景如画，阳光下，瑶湾百顷水面晶莹剔透。不远处，有一座山，叫笔架山。这座山，因形似笔架而得名。笔架山下，住着一户杜姓的官宦人家。

先祖杜预，是西晋镇南大将军，多才善战，是一名了不起的军事家。他懂得法律、经济、天算、工程，还是《左传》[1]的研究者，被称作"杜武库"。他家世代为官，因此他的子孙后代不必纳租税，也不用服兵役，享有许多封建特权。和这个家族通婚的也是名门士族，世代遵守儒家的礼教，专门辅助帝王。

公元644年，奉诏担任巩县县令的杜依艺，也就是杜甫的曾祖父，为了工作方便，举家迁往距巩县城城东二里瑶湾，距笔架山仅百步之遥。648年，杜甫的祖父杜审言在这里出生。杜审言自幼受到良好的教育，在律诗方面有非常高的造诣。他和初唐时期的诗人李峤、苏味道、崔融一起被称为"文章四友",是五言律诗的奠基人之一。杜甫的父亲杜闲后来做了朝议大夫、兖(yǎn)州司马。

传说712年2月12日那天夜里,杜家迎来第十三代孙。就在孩子呱呱落地时,笔架山上突然冒出一道金光,直冲云霄。顿时,瑶湾水变得五光十色,美丽极了。不一会儿,瑶湾上空鲜花绽放,紧接着,花儿像雨点一样飘落,霎时遍地生香。大家见状,欣喜不已,纷纷跪拜,说这是文曲星下凡的征兆。于是祖父给这个孩子取名为杜甫,希望他长大后成为一个仪表堂堂、才貌双全的男子汉。

杜甫的降生给这个家庭带来新的生机与活力,长辈们无微不至地关爱着他,除了给他提供富足的物质生活外,还遵从孩子的天性,让他自由地成长。

小时候的杜甫跟大多数男孩子一样,非常淘气。院里院外,爬上爬下,没一刻消停。当时,他家院子里种了好多梨树和枣树。春天,满院花香,杜甫和小伙伴们抱着梨树摇啊摇。他们走到哪里,花雨就下到哪里。院子里,喊叫声、嬉笑声不绝于耳。

有一天,杜甫看到那棵高高的梨树,对小伙伴们说:"今天,我们来比赛爬树,看谁爬得高,怎么样?"

一览众山的
杜甫

伙伴们看了看，纷纷摇头。

杜甫说："都是胆小鬼！"

一个小伙伴说："你胆大，你先来。"

"先来就先来！"说完，只见杜甫双手抱着面前的梨树，双脚夹住树干，就往上爬。哪知道，梨树皮就像刷了油似的，他不仅手抱不紧，脚还不停地往下滑。

伙伴们见了，一边拍手，一边笑着大声唱："越往上爬，越往下滑；越往上爬，越往下滑！"气得杜甫使劲往上一蹿，结果一不小心摔下了树，胳膊摔折了。年幼的杜甫疼得哇哇大叫。父亲说："男子汉，勇敢点。"听了父亲的话，杜甫竭力忍住泪水。原以为会消停一阵子，结果伤刚好，他就忘记了先前发生的一切，又开始爬上爬下了。直到十四五岁，他还童心不减，钟情于爬树呢！正如后来他在《百忧集行》[2]中所写的那样：

忆年十五心尚孩，健如黄犊走复来。

庭前八月梨枣熟，一日上树能千回。

记得十四五岁时，自己还像个孩童，身体强健得就像黄牛犊，精力充沛，朝气蓬勃。当梨、枣成熟之时，我频频上树摘取，一天至少爬树上千回。

小时候的杜甫也很喜欢玩游戏，尤其是捉迷藏。屋里

| 4

屋外，树丛沟壑，到处都是他藏身的好地方。有一次，他藏在一棵大树后面，让小伙伴们来找他。小伙伴们找了好多地方都没找到，就在他们快要放弃的时候，杜甫从树后跑出来，大叫一声："我在这里！"震耳欲聋的喊声吓得小伙伴们顿时魂飞魄散，蹲在地上抖成一团，杜甫却在一旁哈哈大笑。当然，杜甫为此没少挨揍。可是孩子的天性很快就让他伤疤未好就忘记了痛，脸上还挂着泪滴，又跟小伙伴一起疯玩了。

除此之外，他还喜欢捉鸟、打猎。人们经常看到，他邀约一群小伙伴上树掏鸟窝，拿着弹弓追小兔。因为这个世界对于他来说，太神奇了。大自然的一切，仿佛有种魔力，牢牢地吸引住了他的目光。他的脑袋里有无数个问号，这些问号日夜在他面前晃荡，等待着他去找出答案。虽然，他也会因此付出代价，经常弄得满身是泥，或被摔得鼻青脸肿，但这些对他来说，都算不上什么。谁家没个熊孩子，谁还不是个宝宝呢？

无忧无虑的童年生活给了杜甫一双会观察的眼睛，一个会思考的大脑。正因为有了这些，他才发现祖国河山的壮丽，才产生与众不同的家国情怀，才有了"一览众山"的博大胸怀。

一览众山的
杜甫

天才是这样炼成的

年幼的杜甫聪明伶俐，三岁就开始认字了。然而，不幸的是，在杜甫三四岁时，母亲崔氏因病去世了。当时父亲在外做官，很少回家。不久，父亲娶了继母，继母接连生了几个孩子，无暇照顾杜甫，甚至对他越来越冷漠，杜甫觉得很孤独。当时住在东都洛阳建春门内仁风里的姑母回家探亲，见杜甫郁郁寡欢，非常心疼，于是把他接到自己家里，悉心照顾。姑母非常疼爱这个不幸的侄子，胜过爱自己的孩子。有一年，杜甫和姑母的儿子同时染上了严重的瘟疫，姑母不分昼夜地照顾着他俩，而且，无论在什么情况下，姑母总是先照顾这个没妈的侄子。眼见他俩病得越来越严重，姑母实在没办法了，就去找了一个女巫医来医治他俩。巫医告诉姑母，说让孩子睡在东边的床榻上，病就会好。姑母一看，那不正是自己儿子躺的地方吗？姑母毫不犹豫地给他们换了位置。说也奇怪，没过多久，杜甫的病果然奇迹般地好了。不幸的是，姑母自己的

第一章 崭露头角

儿子病死了。姑母的慈爱让杜甫恢复了健康,也给童年的杜甫心中种下了仁爱的种子,弥补了他失去母亲的缺憾。

幼年的杜甫识字以后,父亲杜闲就将他们杜氏家族的"黄金家谱"拿给他看。杜甫看得很仔细,一个字都不漏掉,而且越看越自豪。他的家族是多么显赫呀!在他幼小的心灵里,先祖杜预和祖父杜审言都是他学习的楷模。从那时起,杜甫就希望自己除了像历代先祖那样"奉儒守官"(信守儒家礼教,世代为官),还能在诗歌上有祖父一样的成就。

也是从那时起,杜甫爱上了读书。五岁时,杜甫就在姑母的指导下,开始背书。聪明伶俐的杜甫很快就背熟下了许多诗文,令人赞叹不已。可是,姑母告诉他,光背诗文不行,还得会写。年幼的杜甫很疑惑,他不知道写什么,怎么写。姑母又说:"你看见什么就写什么吧。"这倒是一件新鲜事,杜甫一下子有了写诗的愿望。可是屋子里除了家具和窗户外,就是地板了。杜甫看了半天,什么也写不出来。于是问姑母:"我是不是很笨?"姑母看到他那认真的样子,笑着告诉他:"孩子啊,不是你笨,是你不懂文章是怎么写出来的。文章不是空想出来的,也不是在屋子里憋出来的。当你看到事物,有了发自内心的感

想的时候,它就自然流淌出来了。"年幼的杜甫听了,似懂非懂。

有一天,杜甫跟着姑母来到郾城街上,突然看到不远处聚集了很多人,便好奇地凑了过去。只见人群中一名女子正在舞剑,周围不时响起阵阵掌声和喝彩声。原来这女子是唐宫第一舞蹈家公孙大娘,只见她身着戎装,双手操控着长剑,身体仿佛是一根无形的线,随着音乐的起伏,时而疾如闪电,时而缓如行云。杜甫被这种剑舞深深地迷住了,以至于年过半百后,杜甫在夔州看见公孙大娘弟子李十二娘舞剑器时,触景生情,写下这首《观公孙大娘弟子舞剑器行》:

爞如羿射九日落,矫如群帝骖龙翔。
来如雷霆收震怒,罢如江海凝清光。

剑光璀璨夺目,有如后羿射落九日,舞姿矫健敏捷,好似天神驾龙飞翔;起舞时剑势如雷霆万钧,令人屏息,收舞时平静,好像江海凝聚的波光。

而此时,年幼的杜甫被公孙大娘飒爽的舞姿深深地吸引着,悄悄钻到前排观看,以至于跟姑母走散了也毫无

第一章　崭露头角

察觉。

很快表演结束，人群也随之散去，姑母这才发现杜甫不见了。姑母着急万分，到处寻找，却不知道此时的杜甫正悄悄跟在公孙大娘身后。公孙大娘以为他迷了路，便好心询问。杜甫说："我看见你舞剑，脑子里出现好多东西，突然好想写诗。"公孙大娘看这么小的孩子能那么刻苦用功，非常高兴，但也提醒他以后可不能离开家人的视线，跟着陌生人走了。随后，公孙大娘便帮他找到了姑母。姑母谢过公孙大娘，生气地拽着杜甫就要回家。这时候，公孙大娘拦住他们："我要专门为孩子表演一次剑舞。"说完，便又开始表演。随着公孙大娘挥洒自如的表演，杜甫仿佛看到了剑光变成了一只展翅飞翔的凤凰……精彩纷呈的生活，刺激了杜甫创作的欲望，七岁的他，便写出了生平第一首诗《咏凤凰》。后来，他自豪地说："我七岁时就文思豪壮，一开口便歌颂凤凰和具有凤凰一样高尚品格的人。"

原来作诗是一件这么有趣的事，杜甫可喜欢了。可是很快他就发现，写完一首就不知道下一首该写什么了。姑母说："你得多读书，书读多了，自然就有很多想写的了。"

一览众山的杜甫

听了姑母的话,杜甫每天就早早起床,开始他一天的苦读。他的书房里摆满了各种各样的书籍,从《春秋》到《礼记》,再到各种诗词歌赋。当时,父亲和姑父的官署里有很多书,且种类齐全,杜甫几乎都读过。虽然小时候的杜甫很闹腾,可是他一捧起书,很快就安静下来,忘记了周围的一切。书中的每一个字,每一句话,都深深地印在了他的脑海中。读书,成了他终生的习惯。即使后来在颠沛流离的漂泊生活中,他唯一离不开的也是书。每次搬家,书是他家当中最重要的一部分。

功夫不负有心人,杜甫的勤奋也得到了丰厚的回报。年少的杜甫,诗歌水平已经达到了同龄人难以企及的高度:

读书破万卷,下笔如有神。

——《奉赠韦左丞丈二十二韵》

书读得多了,脑子里就对写作有了感觉,自己下笔写作的时候就会非常顺畅,就好像得到神的帮助一样。

杜甫九岁时,就惯于书写大字,临摹虞世南[3]的书法,光书法习作就有一大袋子。就这样,勤奋好学的杜甫,在爱的滋养下,一步一步把自己炼成了天才。

第一章　崭露头角

文气响当当

杜甫虽然出生在巩县，但他的童年大部分时间是在洛阳姑母家度过的，当时的洛阳正发展到极盛的阶段。洛阳在唐高宗（李治）末年已成为第二个国都，称东都，武则天临朝称制后改称神都，经过她二十余年的经营，已经成为全国政治、经济、文化的中心。这里交通很发达，比长安还富庶。每当长安的粮食不能供给长安的统治集团消耗时，皇帝就会领着文武百官来洛阳住上一段时间。因此，好多王公大臣除了长安，在洛阳也设有宅邸。他们常在自己的宅邸里举行聚会，宴请和结交朋友。因为姑父姑母的关系，杜甫也没少出入这些场合。

盛唐时期有这样一种风气，洛阳的一些文人雅士频繁出入翰墨场（现在所说的文坛）吟诗填词，交流绘画书法技艺。这种文化社交方式在当时上层社交中占据主导地位。如果读书人想在仕途方面有所建树，除了参加科举考试取得功名外，也经常出入翰墨场展示才华，以期得到

前辈的赏识。一次,在洛阳的翰墨场中,杜甫新作了一首诗,曾任郑州刺史的崔尚和豫州刺史的魏启心等人一见,眼前一亮,连声夸赞:"你的作品,简直跟班固(东汉著名文学家)、扬雄(西汉著名文学家)不相上下,真是后生可畏,后生可畏啊!"随后,两位老人与这个比自己小四十多岁的孩子热烈地讨论了起来。后来他们成了忘年交,经常在一起讨论诗文。这也难怪,杜甫是一位"学霸",能跟他有共同话题的同龄人极少,唯有比他年长的人,才有足够的学识与他交流。杜甫也因此结识了很多爱好诗文的前辈,在他们的影响下,杜甫的见识、学问和诗歌进步很快。因此,名气也渐渐大了起来。

724年(开元十二年)11月,唐玄宗率领王公贵族又到了洛阳。因为要在泰山封禅[4],洛阳成为政治中心有三年之久,因此比长安还繁华。杜甫被当地的前辈援引,认识了岐王李范。李范是玄宗的弟弟,虽然在哥哥即位的过程中曾经立下过汗马功劳,位高权重,但他从不摆王爷的架子。他不仅喜欢读书,擅长音律,而且礼贤下士,经常邀请文人来府中吟诗作赋。在岐王府里,杜甫还认识了崔九。崔九本名崔涤,出自名门望族博陵崔氏,李隆基还是临淄王时和他是同住在兴庆坊的邻居。他们志趣相投,因

第一章 崭露头角

而关系非常好，李隆基把他当成兄弟看待。后来，李隆基登基后，崔涤成为他的宠臣。因此，他时常出入皇帝及王爷们的宴会，也与不少诗人和艺术家成了好朋友。杜甫因为才华出众，也成了他们很欣赏的一个年轻后辈。

有一回，杜甫刚到岐王府邸，就被一阵歌声给吸引住了。他静静地站在廊下，随着音乐的高低起伏，仿佛透过远处重重叠叠的山峰，看到了盛唐的景象：繁华的长安车水马龙，小贩们高声吆喝叫卖，人们行走如风，个个笑逐颜开；乡下，粮食满仓，牛羊遍地……

直到歌声消失，喧哗声又起，他才反应过来，忙问姑父唱歌的是谁。姑父告诉他，他叫李龟年，是大唐第一音乐才子。他的音律成就极高，连堪称音乐奇才的皇帝都视他为知音，后破格录取他为御用乐师。据说有一次，李龟年来这里做客，人到齐了，主人吩咐开始演奏音乐。那时候的乐师演奏音乐时，会在前面树一块屏风。这样一来，别人只能听见音乐，却看不到演奏的人。乐声刚起，李龟年就说："这是秦音的慢板。"过了一会儿，又说："这是楚音的流水板。"一旁的岐王不住地点头。散场之后，岐王赏了他很多丝绸，并邀他有空常来。自那以后，李龟年常出入岐王府。时间久了，岐王和李龟年就很熟了。有

一次,李龟年一时兴起,竟直接把乐师手上的琵琶拿过来,尽情弹奏起来,完全忘记了自我。悠扬的乐声把人们带进了一个美妙绝伦的世界,让他们仿佛看到了人间仙境。直到琴声消失了很久,人们才如梦初醒。

听了姑父的话,杜甫越发佩服李龟年,成了他的铁杆小粉丝。作为一名音乐家,李龟年不仅喜爱音乐,也爱诗如命。他见杜甫才十四五岁,诗却写得这么好,因而也非常喜欢这位小天才。

和公孙大娘的舞姿一样,李龟年的歌声让他永生难忘。直到晚年,杜甫与流落到潭州(今湖南长沙等地)的李龟年再次相遇,无限感慨,于是作了《江南逢李龟年》一诗:

岐王宅里寻常见,崔九堂前几度闻。
正是江南好风景,落花时节又逢君。

当年我经常在岐王与崔九的宅邸里见到你,听到你的歌声。现在正好是江南风景秀美的时候,没想到在这暮春季节再次遇见了你。

随着知识的增长和眼界的开阔,杜甫的诗文水平越来越高,在洛阳一带的名气也越来越大,大家都欣喜地关注着这位少年诗人的成长。

注释

[1]《左传》:儒家经典之一,亦称《春秋左氏传》或《左氏春秋》。相传为左丘明撰,是中国古代第一部叙事完备的编年体史书,也是先秦历史散文的代表。

[2]《百忧集行》:上元二年(761)在成都作。这一年杜甫五十岁。诗题取自王筠《行路难》:"百忧俱集断人肠。"

[3]虞世南:字伯施。唐代政治家、书法家、文学家。其书法曾得到释智永(陈隋时期著名的僧侣书法家)传授,继承了二王的书法传统。其书法圆融遒劲,外柔内刚,沉厚安详,不外露锋芒。后世将他与欧阳询、褚遂良、薛稷合称"初唐四大家"。

[4]封禅:古代帝王为表明自己受命于天所举行的祭祀天地的大型典礼,一般由帝王亲自到泰山上举行。封为祭天(天子登上泰山筑坛祭天),禅为祭地(天子在泰山南梁父山上辟基祭地)。

第二章　旅游达人

（731—735）

"这是谢灵运诗中的江中孤屿，这里是池上楼，得去看看。"

"这里是'两水夹明镜，双桥落彩虹'的地方，不能落下。"

"这是阴铿诗里的青草湖，现在还能见到吗？"

"这里是庾信登楼把酒的地方，不知怎么样了。"

……

一览众山的
杜甫

世界这么大,去看看

盛唐时期,政治、经济和文化都空前繁荣,到处是一片欣欣向荣的景象:米粟堆满了粮仓,商贾在路上络绎不绝。交通以长安为中心,四通八达,大道上驿站旁的店铺里都备有丰富的餐食和供旅客乘坐的车马。行人远行,不需要带食粮,也不用带兵器,非常方便安全,水路也畅通无阻。很多年后,杜甫回忆起当时的情形,写下了这样的诗句:

> 忆昔开元全盛日,小邑犹藏万家室。
> 稻米流脂粟米白,公私仓廪俱丰实。
> 九州道路无豺虎,远行不劳吉日出。
> 齐纨鲁缟车班班,男耕女桑不相失。
>
> ——《忆昔二首·其二》

遥想当年开元盛世,小城市就有万户人家。农业丰

| 18

收，粮食储备充足，仓库装得满满的。社会秩序安定，天下太平，没有寇盗横行。路无豺虎，旅途平安，人们随时可以出门远行，自然不必选什么好日子。当时手工业和商业很发达，贸易往来的商贾的车辆络绎不绝。男耕女桑，各安其业，各得其所。

经济的富庶和交通的发达，使得人们之间的交流也多了起来。从魏晋南北朝时期就已经兴盛起来的漫游到了唐朝更加流行。在那个时代，一个读书人在青年时期或多或少都有过一段漫游时光。他们纷纷通过这种方式，给自己谋得更好的生活。有人在考试前，走出家乡，来到人文荟萃的都市，用诗文或言语自我宣传，结交权威人士。如果有了权威人士的推荐，再来考试，就容易一些。因为考官会根据他名气的高低，来做出自己的判断。也有人考试落第了，在京城没有出路，就漫游到外地，拜访当地的官员，以期在他们的幕府[1]求得一席之地。当然，还有少数人是求仙问道和求学的。无论是哪种情况，他们离开家乡，看到异乡的山水与新奇的事物，遇到一些幸福或不幸的事情，会有一种全新的感受：视野开阔了，经验增长了，生活也因此丰富起来。如果是诗人，去到更广阔的世界，写出的诗歌会更有深度，更能贴近现实生活。于是，

一览众山的
杜甫

"读万卷书,行万里路"就成了古代读书人的毕生追求。对于早已"读书破万卷"的杜甫来说,"世界这么大,一定要去看看"的愿望尤其强烈。

当他把这个想法告诉姑母的时候,姑母问他:"你的身体吃得消吗?"杜甫拍拍胸脯说:"完全没问题。"虽然小时候的杜甫身体不好,但后来在姑母的照顾下,十四五岁已经"健如黄犊",不然怎么"一日上树能千回"呢?闲暇时,他喜欢邀约朋友登山、骑马和射箭。由于杜甫天资聪颖,加上长期参加这些运动,所以每项运动他都很擅长。也因为这些特长,所以他很喜欢打猎。到了夏天,他还会去划船、游泳和观看打鱼。丰富的体育锻炼强健了他的体魄,磨炼了他的意志。

姑母见他主意已定,于是对他说:"你去问问你父亲吧,如果他同意,我没意见。"

杜甫赶快找到父亲,说:"父亲,世界这么大,我想去看看。"

父亲看了看眼前个头快赶上自己的儿子,想了想说:"行,男儿志在四方。你是该出去见见世面,长长见识,也应该结交一些新朋友了。"

杜甫没想到父亲这么爽快地答应了他的请求,顿时欣喜若狂,连忙拱手说:"谢谢父亲!"

得到父亲的首肯后,杜甫马上行动起来,开始计划漫游路线。

"这个地方,很想去看看。"

"这里,也想去。"

"这儿,还有这儿,都该去瞧瞧。"

那先去哪儿呢?杜甫想去的地方太多了。因为他早已从书里了解到祖国河山的壮丽、历史的悠久、文化的灿烂。因为知道得太多,选择反而有了困难。

父亲见他左右为难,想到他还年少,安全还是最重要的,于是对他说:"去江南吧。正好去看看你叔父和姑父。"当时,他的叔父杜登正在武康当县尉,而姑父也在常熟当县尉。父亲之所以提议去那里有他的考虑,万一有什么需要,姑父和叔父能及时提供帮助。

"好!"杜甫愉快地答应了。

地点确定下来了,杜甫马上拿出地图,开始标注哪些是必去的景点。

杜甫早年学诗,除了学习祖父写诗的方法外,还在六朝的诗人里去寻找自己学习的楷模,因此谢灵运[2]、谢朓[3]、阴铿[4]、何逊[5]、鲍照[6]、庾信[7]等人的诗都

成了他学习的榜样。他首先想到的便是去他们诗里描绘的地方看看。

"这是谢灵运诗中的江中孤屿,这里是池上楼,得去看看。"

"这里是'两水夹明镜,双桥落彩虹'的地方,不能落下。"

"这是阴铿诗里的青草湖,现在还能见到吗?"

"这里是庾信登楼把酒的地方,不知怎么样了。"

……

为了让自己不虚此行,杜甫还做过更详细的攻略,包括自己将要去的地方有哪些故事,当地的风土人情,景点中最有看点、最值得人们纪念的地方,最佳的游玩方式等。为此,他又翻阅了大量书籍,直到把自己变成一本行走的百科全书。

在此期间,父亲为他准备了足够的盘缠及生活用品,以便他在漫游途中无后顾之忧。有了父亲的帮助,杜甫在长达四年的吴越之旅中从来没有因为经济窘迫而停下脚步。他就像一只小鸟,在江南的天空中自由飞翔,纵情歌唱。

第二章　旅游达人

谁不说江南好

731年，不到二十岁的杜甫怀着无限欣喜的心情，开启了他的吴越之旅。

一路经过淮阴、扬州，渡过长江，杜甫来到江南第一站——江宁，也就是今天的江苏省南京市，这里是六朝古都。杜甫一下船，就向乌衣巷奔去。此时斜阳正浓，王、谢两家的旧宅只剩下孤单的建筑，显得十分冷清。

站在朱雀桥上，杜甫思绪万千。想到一代名相谢安凭借超人的智慧，硬是以八万兵力打败了号称百万的前秦军队，杜甫热血沸腾，心里更加崇敬他；想到东晋丞相王导尽心辅佐帝王，即使被误解、被排挤也不改初衷，从不计较个人得失，让皇帝都非常敬重他，杜甫暗下决心：如果有机会，一定要成为像王导一样的大臣。

没过多久，他就离开江宁，到达第二站——苏州，开始遍访他所崇拜的诗人所歌咏的地方。在姑苏城，他凭吊了吴王阖闾的坟墓，游览了虎丘山的剑池。从长洲苑走出

来，发现满塘荷花盛开。走出阊门，他拜谒了太伯庙……

后来，他把自己的所见、所闻和所感写进了诗中：

王谢风流远，阖(hé)庐丘墓荒。
剑池石壁仄，长洲荷芰香。
嵯峨(chāng)阊门北，清庙映回塘。
每趋吴太伯，抚事泪浪浪。

——《壮游》

王导、谢安两大家族的风雅遗事距今已很渺远，吴王阖闾的坟墓——虎丘也已荒凉，只有剑池的石壁依然陡峭，嵯峨地高耸在阊门的北方。城南长洲的荷花散发着清香，肃穆的太伯庙映照在回塘之上。每当我去拜谒凭吊那让位于弟而避走远乡的太伯，联想到今世的纷争，就不禁抚古伤今，热泪盈眶。

没过多久，他就渡过钱塘江，到达会稽。在会稽，他听到了许多当地的故事：

蒸鱼闻匕首，除道哂(shěn)要章。

——《壮游》

第二章 旅游达人

我听说过专诸在蒸鱼里藏下匕首，趁机刺杀吴王的故事；还听说过朱买臣当上太守衣锦还乡，地方官吏组织百姓修整道路迎接的典故。

他还去参观了越王勾践和秦皇古迹，回顾着他们的丰功伟绩，内心十分感动：

枕戈忆勾践，渡浙想秦皇。

——《壮游》

我躺在床上想着卧薪尝胆的越王勾践，渡过浙江后又想起了秦始皇。

随后，杜甫来到此次漫游的第三站——绍兴。绍兴是座古城，古城里有一座人工湖——鉴湖，又叫镜湖，那可是个纳凉避暑的好地方。当他和朋友们骑马飞奔到这里，正好是五月，天气已经有点热了。此时，十里荷塘花正浓。

杜甫和朋友们租了船。不一会儿，船行到水面宽阔的地方，他们便不再划桨，让船自由地漂在水上。正当他们想要躺在小船上一睹缀满荷花的天空时，突然，传来一阵采莲的歌声。杜甫循声望去，只见迎面驶来一条小船，船

一览众山的
杜甫

头坐着一位明眸皓齿的少女,正伸出洁白的手臂采摘一个莲蓬。那清秀的脸庞、白皙的皮肤在荷花的映衬下显得更加娇艳。

很多年过去了,少女的衣着打扮、姿态和歌声,杜甫早已忘记,但那少女雪白的肌肤依然那么清晰。当他回忆起当时的情景时,还这样描述:

越女天下白,鉴湖五月凉。

——《壮游》

吴越的女子皮肤洁白,天下无双。鉴湖避暑,仲夏时仍觉得清爽宜人。

后来,他又去了剡(shàn)溪。剡溪的山峰高耸入云连绵不绝,非常壮观;剡溪的峡谷到处是悬崖峭壁,清澈的溪水在峡谷间流淌。阳光下,溪水发出耀眼的光,仿佛掉落山涧的一条银链。走着走着,眼前会突然出现一条瀑布,从高空倾泻而下,砸在地上,顿时,水花四溅,像一条条小银鱼在水中跳跃。不远处的草地上,野花竞相开放……

离开剡溪好长一段时间里,杜甫都无法忘记它的美丽

第二章　旅游达人

与神奇：

> 剡溪蕴秀异，欲罢不能忘。
>
> ——《壮游》

剡溪的美丽与非凡，使人观赏之后，怎么也忘不了。

杜甫一路走，一路写。每到一处，他的收获都不一样，诗歌也不相同。有时候，他会接连去好几个地方。累了，他就会停下来，找个地方住一段时间，和朋友们把酒吟诗，骑马射箭。

杜甫曾在新昌县小住过，游过天姥山，就是李白诗中"天姥连天向天横，势拔五岳掩赤城"的那座仙山。在天姥山的群峰下，杜甫经常身着青鞋布袜，斜倚栏杆，看猿猴在树上打闹，听它们在山间啸叫。有时候，他又呆立船头，看孤舟蓑笠，听江南烟雨，好不惬意！

江南的山，江南的水，江南的人，江南的历史，江南的故事，凝聚成江南独特的美。在这块美丽的土地上，杜甫正在快速成长着。他对祖国大好河山的热爱，正在渗入他的血液，塑造着他的品格，滋养着他的灵魂。

一览众山的
杜甫

瓦官寺奇观

来到江南，不去瓦官寺看看怎么行？稍作休整后，一个阳光明媚的早晨，杜甫和朋友们出发了。

瓦官寺位于南京城内，是南朝时期著名的佛教寺庙之一，始建于东晋，因寺址原为官府管理陶业机构所在地，故寺名"瓦官"。瓦官寺的地位非常高，皇帝和王公贵族经常来寺里参拜、供养，使得这里成为当时的佛教中心之一，因此一直很有名。寺内珍藏着大量珍贵的文物和佛教艺术品，如佛像、壁画、经卷等。尽管过去了三百多年，在杜甫眼里，它的吸引力依然有增无减。

还在山下，杜甫就说自己一定要好好欣赏一下瓦官寺的"三绝"。等他走进寺门，就看到了其中"一绝"——狮子国（今斯里兰卡）进贡的玉佛像。这尊玉佛像作为国与国之间友好交往的象征果然名不虚传，高四尺二寸，玉质成色极好，雕刻也很精美。当时因为海上风高浪急，几经周折，耗费了十年时间才到达中国。

第二章　旅游达人

玉佛像旁边就是另外"一绝"——东晋学者、雕塑家和画家戴逵（戴安道）用他所独创的干漆夹纻塑造的五世佛像。据说当时他应邀刻制了一尊一丈六尺高的无量寿佛像，刻好后，众人都说好，可他自己不满意。于是，他躲到屏风后面听取观者的各种议论和意见，反复琢磨，反复修改，历时三年雕刻成一尊最具有世俗特色的佛像，怪不得世人如此喜欢。

（戴逵的"逵"注音：kuí）

"维摩诘画像呢？在哪儿？"杜甫迫不及待地问朋友。朋友说："别急，就在那边。"早在来江南之前，杜甫就从书里知道它是东晋著名画家顾恺之的作品。顾恺之博学多才，擅长诗赋和书法，尤其以绘画著称并闻名于世，人们称他是"中国山水画鼻祖"。他为人很有亲和力，说话风趣幽默，很有个性。关于当年他画瓦官寺里的维摩诘画像，有这样一个故事：

当年要修建瓦官寺，僧侣们设置法会，向各界官商名流募捐。可捐款最多的只有十万，远远低于预算。眼见修建计划将无疾而终，顾恺之慷慨地认捐一百万钱。寺庙一天天建起来，但顾恺之的钱却一分也没到位。寺里高僧急了，问顾恺之怎么办？顾恺之说："你们照建，留给我一面白墙就好。"不久，墙弄好了，顾恺之闭门作画一个多月，画了一幅"维摩诘像"。画作大体完成，只差眼珠没点。就在准备点睛当天，顾恺之请寺僧打开寺门，让民众参观，并规定：第一天来观看的人，捐钱十万，第二天五万，第三天随意捐。没想到第一天，许多人为了争睹顾恺之"开光点睛"的风采，纷纷涌入瓦官寺。顾恺之当众起笔点睛，说也神奇，只那么一点，整座佛像发出夺目的金光。顿时，全寺被佛光普照。人们见此情景，纷纷捐款。很快，一百万钱便凑足了。

  杜甫早已听过此传说，尽管晚了三百多年，但并不影响他对这幅名画的喜欢。他一迈进大殿，就被画像散发出的佛光笼罩着全身。壁画四周画满鲜花，每朵花依然那么娇艳，传说那是维摩诘用法力请仙女们撒下来的。仙女们长裙飘飘，彩带飞舞。壁画正中，维摩诘面带微笑，轻启嘴唇，仿佛要跟每一个前来朝拜的人说法。最引人注目的是那双眼睛，太神了，无论你站在哪个方向，他都好像在注视着你，仿佛要把你的一切心事看穿。杜甫和维摩诘的眼睛一对视，仿佛有某种神秘的力量将他钉在那里。那一刻，杜甫终于明白什么是以形写神，什么是惟妙惟肖。他站在壁画前久久不愿离去，仿佛已经穿越回当年的瓦官寺，看见顾恺之如何废寝忘食，夜以继日潜心作画的样子。杜甫一站就是大半天,朋友们多次叫他,他都没听见。直到夕阳西下,饿得饥肠辘辘,他才想起自己还没吃午饭。

"走吧,快要关门了。"名叫许登的朋友说。

"再看一会儿。"杜甫回答。

见杜甫硬是不动,许登说:"别看啦,我有它的描摹本,要不我送你吧。"

"真的?"杜甫眼睛亮了,立即跟着许登出了门。

"在哪儿?在哪儿?快给我!"

见杜甫那心急的样子,许登有点想笑,但更多的是后悔,因为他也非常喜欢那幅画。虽然只是一图样,可那是顾恺之亲笔所绘。为了得到它,许登不惜重金,托朋友几经辗转才拿到手,自己还没欣赏够,打算永久珍藏。如今因一时口快,就要让出去,那心里的滋味,真是哑巴吃黄连——有苦说不出。

"那个,跟你商量一下,能不能换一幅?我手里还有很多名人的作品,任你选择。"许登挠挠头说。

"不换,我就要它,你给我吧!"杜甫央求,"如果没有它,我会吃不下饭,睡不着觉的。不然,我就天天缠着你,让你不得安生。"

见杜甫那痴迷的样子，尽管自己很舍不得，许登还是把描摹本送给了他。为此，杜甫开心了好多天。

这幅画给杜甫留下了深刻的印象，直到二十多年后，他送许登从长安回江宁时，还提到了当年瓦官寺观画的情景：

看画曾饥渴，追踪恨森茫。
虎头金粟影，神妙独难忘。

——《送许八拾遗归江宁觐省》

看画的时候如饥似渴，追寻画的踪迹很是迷茫。唯有顾恺之画的维摩诘像，其神妙之处让人难忘。

顾恺之的小名叫"虎头"，人称"顾虎头"。"金粟影"就是维摩诘画像。表达了杜甫对顾恺之所作维摩诘画像精妙之处的崇尚。

瓦官寺之旅，杜甫接受了一次美的洗礼。对于美，他有了自己独特的见解：真正美的东西是形神兼备的，无论是诗，还是画；美也是相通的，无论是现实，还是想象；美存在于一切事物之中，无论是山、水、人，还是人创造出来的各种形象。

第二章　旅游达人

朋友陪伴真惬意

江南的美景深深地打动着杜甫。畅游一段时间后，姑父带他认识了好多人，其中就有一个前面提到的陪他去游瓦官寺名叫许登的青年。许登排行第八，杜甫称他许八。两人年纪差不多，都喜欢骑马射箭，外出游玩。没多久，他们就成了很好的朋友，从此形影不离。

这天，许八来找杜甫，说："昨天，你赖在瓦官寺不走，没能看成凤凰台，今天我带你去看吧。"

"好！"杜甫立即答应，恨不得马上就飞过去。这也难怪，他曾从公孙大娘的舞姿里看到了凤凰，写的第一首诗也是关于凤凰的，他跟凤凰多有缘啊！

吃过早饭，两人骑上马，向凤凰台奔去。

路上，许八告诉杜甫："其实凤凰台的名字来自一个古老的传说。据说在北魏年间的某一天，有三只形似孔雀、羽毛非常漂亮的鸟儿来到这里，叫声优美动听，飞起来就像传说中的神鸟凤凰，人们认为这是吉祥的象征，大家就把这里叫作凤凰里。后来人们又在上面搭了一个高台，于是这里又叫凤凰台了。自从有了凤凰台后，每年春天，这里都会聚集成千上万的鸟儿，出现百鸟朝凤的景象。"

"好神奇啊！"

"那是当然！"

没过多久，他们就登上了凤凰台。杜甫看到远处的山峰，高耸在天外，而中间的白鹭洲把秦淮河分成了两支。他感叹："是谁的妙笔丹青，又是谁的鬼斧神工创造了它？"杜甫深深陶醉在眼前的美景中，又被深深震撼着。

等杜甫回过神来，许八已经在山下雇好船，冲他喊："快下来，我们游秦淮河去。"

秦淮河上来往的船只很多，两边店铺林立，游人如织；两岸绿树成荫，花香四溢。杜甫坐在船头，正想解读来往船只上人们的表情，猜猜他们的心事，这时，迎面驶来一条船。一个身着袈裟的僧人正坐在船上，他的面前摆着一个棋盘。此时，他正凝神静气地盯着眼前的棋盘，仿佛要把它看穿似的。

杜甫目不转睛地看着这条船从旁边驶过，问许八："这个僧人好奇怪，他怎么不待在庙里？"

许八说："他叫旻上人[8]，是我们这一带很有名望的僧人,他对诗很有研究,不仅会鉴诗,还会写诗呢,大家都叫他诗僧。他还擅长下棋,这里很少有人是他的对手。这时候,他应该是外出归寺了。"

杜甫一听,忙央求许八介绍他认识。许八说:"改天吧,改天一定介绍你们认识。"

几天后,当许八和杜甫找到旻上人时,他正在研究棋局。见他们前来,旻上人向他们点点头,又凝视着眼前的棋局。杜甫见了,也不言语,就在他对面坐下,也研究起来。没过多久,杜甫伸手将黑棋移动了一下。旻上人一见,眉头一下子舒展开来,连声说:"妙哉!妙哉!"

紧接着,旻上人问:"来一局?"

杜甫点点头:"好!"好久没过棋瘾了,对于痴迷于下棋的杜甫来说,这真是"久旱逢甘霖"啊!

旻上人的棋艺果然名不虚传,可谓是步步都在设局。当然,杜甫也不差,招招都在拆解。他们这次对弈从早上到中午,又从中午到了傍晚,还是没分出胜负。眼见天色已晚,还是旻上人说:"我们明天接着再战。"这一局,他们下得酣畅淋漓,"棋逢对手"就是这种感觉吧。

这次对弈后,他们就成了相见恨晚的朋友。闲暇时,杜甫带着棋局到旻上人所在的寺庙,他们便不分白天黑夜地厮杀。有时候,杜甫会邀请旻上人上船来对弈。于是,人们时常看到，船上一少年一僧人相对而坐。不过他们不仅不觉得怪异，反而觉得莫名的和谐。

曾经有一次，杜甫带着棋局去旻上人隐居的有竹林的山谷对弈。沐浴在美丽的湖光山色中，杜甫诗兴大发，新诗一首接一首。旻上人非常欣赏杜甫的诗，每首诗都称赞不已。他还把杜甫的诗拿去给当地的诗友们看，杜甫也因此在江宁的诗友们中很有名气，他的诗歌也得以在江宁一带广为传播。

他们的交往非常快乐，直到758年杜甫做左拾遗，朋友兼同僚许八回江宁省亲时，杜甫还托许八带了首诗给旻上人，回忆当年的情景：

棋局动随寻涧竹，袈裟忆上泛湖船。

——《因许八奉寄江宁旻上人》

曾经我带着棋局寻找到你隐居的深幽的竹林间，与你对弈；曾经你身着袈裟踏上我的小舟，我们一起泛舟湖上。

有朋友真好！杜甫在旅途中，结识了许多朋友。朋友们带领他认识了美丽的江南。这里的一山一水，一草一木,都拨动着他的诗心,陶冶着他的性情。

注释

[1]幕府:军队出征,施用帐幕,所以古代将军的府署称"幕府"。又运筹帷幕之大将亦称"幕府"。亦泛称幕僚为幕府。后世地方军政大吏的府署,如明清的督抚衙门,亦称"幕府"。

[2]谢灵运:东晋名将谢玄之孙。南朝宋诗人,中国"山水诗派"鼻祖。谢灵运年少好学,博览群书,工诗善文。其诗与颜延之齐名,并称"颜谢"。

[3]谢朓:字玄晖,陈郡阳夏(今河南太康)人。南齐诗人。因官宣城太守,也称"谢宣城"。诗多描写自然景色,善于熔裁,时出警句,风格清俊。颇为李白所推许。与"大谢"谢灵运同族,世称"小谢"。

[4]阴铿:字子坚,武威姑臧(今甘肃武威)人。南朝陈文学家。诗以描写自然景物见长,善于炼字造句。刻苦为诗,与何逊相似,故杜甫有"颇学阴何苦用心"之句。

[5]何逊:字仲言,东海郯(今山东郯城北)人,南朝梁诗人。青年时即以文学著称。其诗长于将写景与抒情相配合,语言工炼,为杜甫所推许。

[6]鲍照:字明远,东海(郡治今山东郯城北)人。

南朝宋文学家。其诗多不平之慨，表现了寒门之士积极进取的愿望和对士族专权之现状的不满。长于乐府，尤擅七言之作，风格俊逸，对唐诗人李白、岑参等颇有影响。也擅赋及骈文。

［7］庾信：字子山，南阳新野（今属河南）人。北周文学家。善诗赋、骈文。在梁时作品绮艳轻靡，与徐陵皆为当时宫廷文学的代表，时称"徐庾体"。暮年所作，多感伤遭遇，并对当时社会动乱有所反映，风格也转为萧瑟苍凉，为杜甫所推崇；但时有雕琢和用典太多之病。

［8］上人：佛教指智德兼备可为僧众之师的高僧。南朝宋以后多用为僧人的尊称。这位旻上人，不详，是杜甫年轻时游吴越所结识的友人，也是诗僧皎然的僧友。

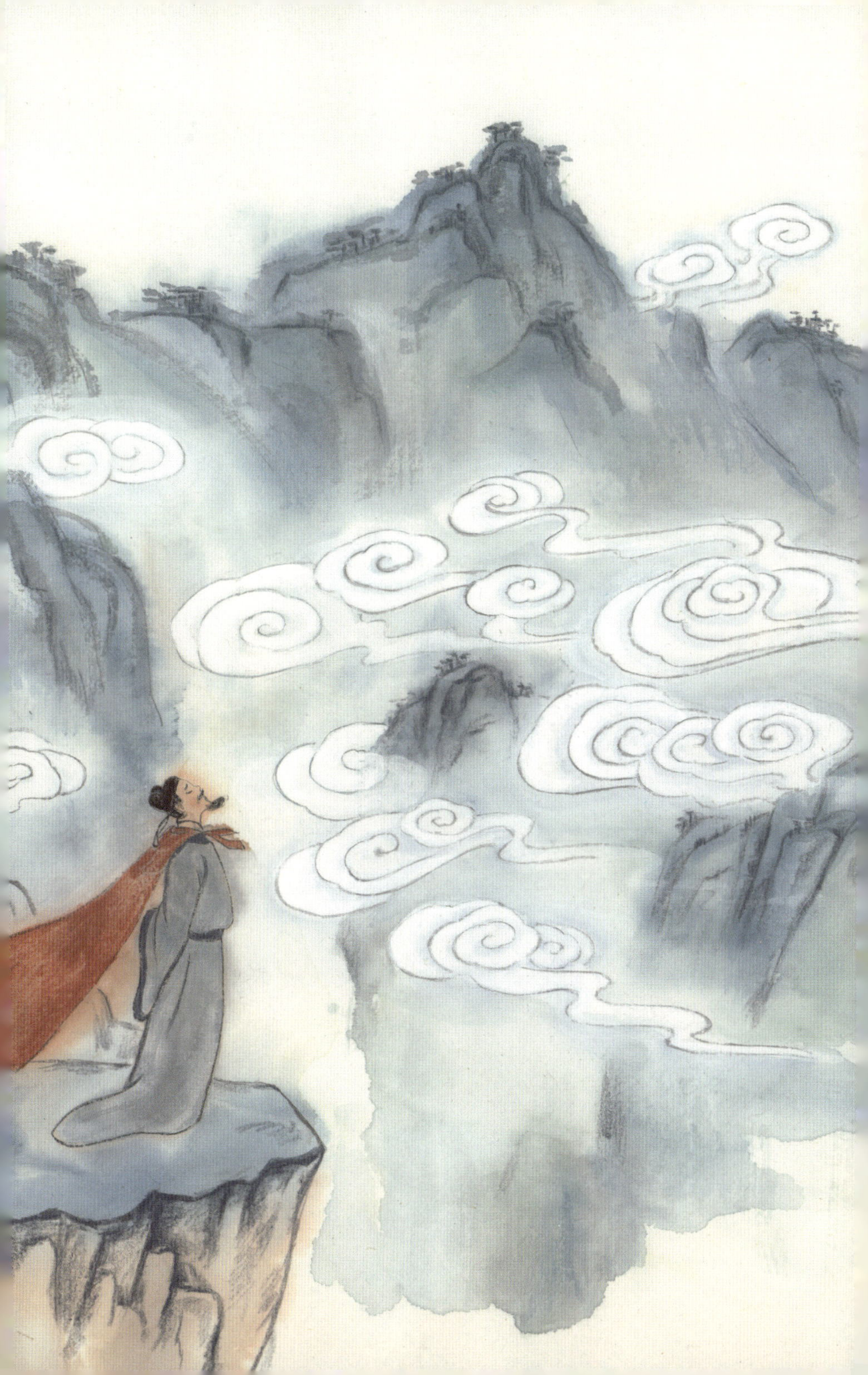

望　岳

岱宗夫如何，齐鲁青未了。
造化钟神秀，阴阳割昏晓。
荡胸生层云，决眦入归鸟。
会当凌绝顶，一览众山小。

诗词延伸

游龙门奉先寺

已从招提游,更宿招提境。
阴壑生虚籁,月林散清影。
天阙象纬逼,云卧衣裳冷。
欲觉闻晨钟,令人发深省。

诗意

有幸在寺僧的引导下游览了奉先寺,晚上又住在了这寺中。山北幽谷之中响起了阵阵风声,月光照射下的寺院中的林木,闪烁着斑斑清影。那高耸的龙门山好像靠近天上的星辰,夜宿奉先寺,就像卧在云中,只觉得寒气穿透衣衫。在将要醒来之时,忽然听到佛寺晨钟敲响,那钟声扣人心弦,令人生发深刻的警悟。

诗说

这首诗是杜甫开元二十四年（736）在洛阳时所作。时年诗人24岁，游览洛阳，夜宿于龙门奉先寺，有感而发。首句点明题目，即"游"，次句写"宿"，是"游"的继续，也是作者"游"兴极浓的必然结果；中间四句写作者夜宿奉先寺所见之景，既切合龙门奉先寺的特点，又写出一种清虚幽静之境，与佛理不谋而合。最后两句妙用双关，暗寓佛理，是全诗的升华之笔，这也是诗人此次出游的最大收获。

这是诗人早期的作品。"欲觉闻晨钟，令人发深省"。他悟到了什么？是僧人的勤修精进，令他感悟。还是悠远的钟声引发尘外之想，抑或是一种清净、神圣的感觉？给读者无限遐想。

第三章 快意青春
（735—741）

　　他们骑着骏马，放出猎鹰。猎鹰在空中盘旋，充当哨兵。骏马在皂荚树和枥树林里穿梭，激昂的吆喝声传遍原野和山冈。突然听见猎鹰一声唳叫，杜甫连忙拉弓放箭，"嗖"的一声，箭矢射中大鸟，苏源明捡起猎物，连声夸赞："好箭法！"

少年不知愁滋味

杜甫这一游,就是四年。这四年里,他去过很多地方,看过很多美丽的风景,让他不得不赞叹河山之壮丽,大自然之神奇;他用自己的感官和想象重温了历史中那些感人至深的故事,让他对这个世界有了深沉的思考;他寻访过那些美妙绝伦的艺术品,让自己的审美能力得到不断提高;他认识了许多热爱诗文、热爱生活的朋友,他们是激励自己不断前行的人。他尽情地释放着自己的天性,这个鲜衣怒马的少年,正享受着自己恣意的青春。

偶尔,他会想起自己的理想和使命,觉得自己有责任将这个日渐衰落的家族振兴起来,重现祖先创造的辉煌。不过,很快他就释然了,他觉得这并不是一件很难的事情,凭自己的才华,达到目标是早晚的事。

一天,叔父收到一封信,拆开看了看,又把信递给杜甫。原来是父亲寄来的信,让他速速动身回家,参加科举考试。

第三章 快意青春

科举制度是隋朝时期建立起来的。隋文帝为了维护皇权稳定，于是积极吸纳人才，创立了科举选官制度。这样一来，打破了以往由固定人员及阶层推举或选拔人员的形式，改为统一进行考试，允许大多数阶层参与科举并通过科举任官。到了唐朝，科举制度变得更加成熟。唐朝科举考试分为两种，常举和制举。

常举为唐朝常年开设的多科目考试，因为固定时间（就像现在的高考）举行因而被称为常举、常科或岁举。常举考试内容较多，经过长期演变，最终形成了以进士、明经两科，尤其是进士科为重的局面。它为朝廷选拔了大量的优秀人才，是科举的主要形式。制举也称制科，是皇帝临时下诏选拔特殊人才的一种取士制度。主要是考对策，以选拔有特殊才能的人，故其科目包罗万象。制举也深受士子重视，它为唐朝选拔了大量的特殊人才，是常举的重要补充。武则天时期创设了武举，是选拔武人的专门考试。除了考兵法以外，还考武艺、技能，有马射、步射、平射、举重等。

杜甫问叔父："我必须参加吗？"

"是的，这是你实现理想的最佳机会。"叔父回答。

杜甫想了想，觉得叔父说得有道理，自己离家这么久，也该回去看看了。于是，735年的一天早晨，他告别叔父和朋友，启程赶回巩县，结束了他的吴越之行。

他刚饱览过吴越的山水，还没注意到现实人生，年轻自负的他，诗文虽然文采非凡，但不符合当年选拔人才的标准，所以落第了，后来他回忆这段经历时这样写道：

气劘(mó)屈贾垒，目短曹刘墙。

忤下考功第，独辞京尹堂。

——《壮游》

当时的气概可以和屈原、贾谊相比，胸中的才华使我轻视曹植、刘桢的文章。谁知我的诗文不合考官的胃口，考试失败，独自拜辞了京兆尹的厅堂。

在杜甫看来，这次科举无足轻重，只不过是他人生中的一个小插曲。他坚信，属于自己的机会还会再来。现在最重要的还是出去历练，不断增长自己的学识，等到合适的机会，再来参加科举，争取一举夺魁。这还真应了那句话：少年不识愁滋味。就是这样的杜甫，才显得那么真实。

第三章　快意青春

和祖父拼诗

科举结束后，杜甫在洛阳没住多久，就开始了他的第二次漫游——齐赵之旅。

当时，他的父亲在兖州（今属山东）任司马之职，于是他便前往兖州看望父亲，顺便散散心。

736年的春天，杜甫告别洛阳的亲人，乘坐马车出发了。经过近一个月的长途跋涉，终于到达了目的地——兖州。看着眼前这个朝气蓬勃的孩子，父亲很是欣慰，先前因儿子落榜的失落一下子荡然无存，反而劝慰他别去想这件事了。既然他来到了这里，就到处看看，说不定会有新的收获。

接下来的几天里，杜甫将兖州城附近逛了个遍。他发现，这里的山水跟江南很不一样。江南的山水是温柔多情的，这里的山水是雄壮浩荡的。虽然它们的风格完全不相同，但无论哪种风格，他都很喜欢。

一天夜里，下了一场透雨，雨水将大地冲刷得一尘

一览众山的杜甫

不染。第二天早上,杜甫早早起了床,看着窗外湛蓝的天空,吸一口带着泥土芬芳的空气,顿觉神清气爽。

饭桌上,杜甫对父亲说:"今天天气不错,我想去登山。"

父亲想了想,说:"刚下过雨,登山有危险,我们可以去城楼上看看。"

杜甫一听,非常高兴,来这里都好几天了,还没登过城楼呢。

早饭过后,他们出发了。穿过大大小小的街道,他们来到了兖州城的最高处——南城门。

"上面视野开阔,可以看到更远的地方。"父亲一边登城楼一边说。

"我知道,我在书里看到过相关的描述。"杜甫回答。

走了好长好长的石梯,他们终于登上了城楼。父子俩早已大汗淋漓,可是杜甫一点儿也不觉得累。杜甫斜倚在城楼上,极目远眺:雨后的天空是那么纯净,浮云缥缈下的青山依稀可见。一阵微风吹来,顿时让人心旷神怡。

"那边是泰山和东海吧?"杜甫指着远处问。

"是的,中间那平川一直绵延到青州和徐州,"父亲说,"那边是鲁恭王[1]的灵光殿遗迹。那可是当时国内非常大的建筑群之一,以规模宏大,雄伟壮观而著称。最神奇的是,接连的战乱并没有影响到它,它成了独一无二的存在。"

杜甫接着问:"那高高耸起的是秦碑吧?"

"是的,当年秦始皇外出巡游,在山东登上峰山,随行的丞相李斯在那里刻石立碑,来颂扬秦朝的功德。"

杜甫久久地站在城楼上,看着眼前苍茫的大地,思绪在汉、秦之间穿梭,不禁感慨万千,诗兴大发,回去后立即写出他的名诗《登兖州城楼》:

> 东郡趋庭日,南楼纵目初。
> 浮云连海岳,平野入青徐。
> 孤嶂秦碑在,荒城鲁殿余。
> 从来多古意,临眺独踌躇。

来兖州探望我父亲的日子里,我初次登上城楼放眼远眺。东海和泰山与飘浮的白云相连,直入青州和徐州的是一马平川的原野。秦始皇石碑像一座高高的山峰屹立着,不远处那一片荒芜的城池是鲁恭王的灵光殿。我一看到这些就会联想到它们的过去，心生伤感之情。我在城楼上远眺，独自徘徊，心中十分感慨。

写完后，调皮的杜甫将诗作拿给父亲，问："父亲，你看看，我和祖父谁厉害？"

原来，杜甫的爷爷杜审言也曾写过一首登楼诗，诗是这样的：

> 旅客三秋至，层城四望开。
> 楚山横地出，汉水接天回。
> 冠盖非新里，章华即旧台。
> 习池风景异，归路满尘埃。
>
> ——杜审言《登襄阳城》

我在他乡游历，不知不觉已到了九月，现在站在这城头上放眼四望，顿觉心胸开阔。楚山耸出地面，汉水浩渺，仿佛与云天相连。冠盖里已经徒有虚名，章华台也只能代表过去。习池的风景已与当年不同了，不再有那种清幽之美。回来的路上见到的，已是满目尘埃。

杜甫小时候深受爷爷的影响，非常喜欢诗歌，爷爷写的诗他也大多读过。对于爷爷写的这首诗,他早已背得滚瓜烂熟。而这首诗的表现手法,他也早就驾轻就熟。当他从兖州城楼下来,就一直在琢磨,怎样才能将自己登楼所见、所闻和所感用最合适的方式表达出来呢?于是他将自己所学的所有写诗的方法都试了一遍,最终决定用爷爷当年的写法来写这首诗。

杜甫还真是给父亲出了难题。父亲看了好久,也比较了好久,最终苦笑着说:"两首诗都大开大合,格调悠远,结构相似。只是游览的地方不同,心境不同,我实在分辨不出谁高谁低。"

虽然没能评出个高下,父亲有点儿尴尬,但看到儿子的成长,父亲又非常高兴。是啊,能写出如此大气磅礴的诗句的人,自古以来少之又少,但这人现在却出现了,还是自己的儿子,哪个父亲能不高兴呢?

当然,对于杜甫来说,能和祖父的诗不相上下,他的内心是狂喜的,说明自己绝非等闲之辈,等时机一到,他就能大放异彩,成为最好的自己。

一览众山的杜甫

泰山，我来了

既然到了山东，不登泰山可不行。杜甫早就知道孔子曾"登东山而小鲁，登泰山而小天下"，那是什么感觉呢？杜甫很想赶快去体验一下。

泰山，是齐鲁平原上海拔最高的山峰。在古代，人们认为泰山位于天地相交的地方，守护着华夏文明的东大门，是沟通天地、人神的桥梁。此外，泰山在古代被视为"东岳"，是五岳之首。早在史前时期，泰山就是祭天神的神圣场所。古代的天子，每次即位或者有大事发生都要去泰山封禅，让天下人知晓，因此把它尊为神山。后来的秦始皇、汉武帝等历代皇帝，更是积极推崇泰山的封禅祭祀活动。再加上历代的文人墨客都对它赞誉有加，将它塑造成卓然超群的形象，因而深入人心。这种文化积淀使得泰山的地位愈发凸显。

然而，最让人们难以忘记的，是泰山的自然景观。泰山景色壮丽：奇峰、叠石、云海、日出的壮观，让人有一种置身于天地之间的超然感觉。并且，泰山的一年四季景色完全不同。它的美，是一种深沉而厚重的美，给人一种不可言喻的庄严和雄伟。

这天，他和朋友苏源明[2]骑着马向泰山出发。远远地，他们望见一片青云浮在天地相接的地方，苏源明说："那就是泰山了！"杜甫激动得一边扬鞭，一边大喊："泰山，我来了！"

近了，一座巍峨的大山矗立在眼前，连绵不绝，似乎要将世界一分为二。更为神奇的是，山峰的东南面洒满了灿烂的阳光，西北面却灰暗阴冷。同一座山上，清晨与黄昏居然能同时出现，太神奇了！

下了马，杜甫仔细端详着眼前的高山，心想：这就是我在兖州城楼上看见的泰山，它可是跨越齐、鲁两国的大山呀。它是这么高峻，这么青翠。大自然真的很厚爱它，几乎将一切神奇和俊秀都汇聚在这里了。

"快，登山去！"杜甫冲苏源明喊。

"先歇歇，今天太晚了，明天再去吧。"苏源明说。

杜甫看看日头，都快傍晚了，的确不是登山的好时机，那就找个地方住下来吧。于是，他们来到中都县城的客栈住下。躺在床上，杜甫将脑海里关于泰山的记忆全都搜索出来,准备在登山途中去寻找那些先贤留下的足迹。

不知不觉中,天已大亮,杜甫醒来,行至门外。眼前拔地而起的大山,在晨光中显得更加青翠,更加秀丽。山间云雾缭绕,仿佛一条白纱巾在腰间飘荡。不一会儿,云雾弥漫开来,给泰山蒙上了一层神秘的面纱。

"今天天气不错,是个登山的好日子。"苏源明说着,递过来一根手杖。

"需要这个?"杜甫一边接过手杖,一边问。

"这是登山杖,一会儿你就知道了。"

说罢,他们开始登山。一路上,奇峰罗列,鸟鸣声声,野花遍地,溪水潺潺,美不胜收。俯瞰远处绵延不绝的山脉和近处绮丽秀美的山峰,杜甫陶醉于美景之中,顿感豪情万丈,恨不能立即登上山顶。

想到这里,杜甫停下脚步,吟起那首——《望岳》:

岱宗夫如何?齐鲁青未了。

造化钟神秀,阴阳割昏晓。

荡胸生层云,决眦入归鸟。

会当凌绝顶,一览众山小。

第三章　快意青春

　　泰山到底怎么样？在齐鲁大地上，那青翠的山色没有尽头。大自然把神奇秀丽的景色都汇聚在这里，山南和山北的天色被分割成一明一暗两部分。冉冉升起的云霞荡涤我的心灵，暮归的鸟儿隐入山林。我要登上泰山的最高峰，俯瞰周围的群山，它们是多么的渺小。

　　苏源明听了，连声夸赞："子美兄，你太厉害了！这首诗豪迈清爽，胸怀浩荡，大有傲视古今，气吞万里之势！"

　　杜甫笑了笑，继续登山。苏源明还真是"泰山通"，这下杜甫算是明白登山杖的好处了。因为山势越来越陡，不借助登山杖根本无法挪动脚步。历经千辛万苦，他们终于登上了泰山。站在日观峰顶上，长风吹拂着衣襟，登山的疲劳顿时无影无踪。杜甫俯瞰千里沃野，滚滚黄河，顿时激情澎湃。这时，他的胸中除了有一展雄伟抱负、兼济天下的豪情壮志外，忽然多了几分忧思：这些年，唐玄宗好大喜功，连年征战，长此以往，往日的辉煌还能继续吗？

　　不过，这忧国忧民的思想，对于年轻的杜甫来说，只在脑海里闪烁了一下，然后就消失了。但他那颗心怀天下的种子，已经根植于心底。就这样，一览众山的杜甫，以俯瞰天下的胸襟，以吞吐万象的气度，以生气蓬勃的激情，用他特有的方式记录着这个时代的历史。

最佳驴友团

在这里住得越久,杜甫越发现,齐赵一带与江南大不同:山是庄严的,河是澎湃的,就连吹过林间的风,也是浩荡的。因此,这里最适合登高疾呼,慷慨悲歌。杜甫逗留在此,也变成了齐赵的侠客,性格变得豪爽起来。每日除了读书外,就呼朋唤友,过着快意的骑猎生活。后来他回忆起这些往事,用以下两句诗进行了概括:

放荡齐赵间,裘马颇清狂。

——《壮游》

齐赵之地,任我放荡;轻裘肥马,自在不羁。

刚到这里没几天,有一次杜甫外出,路过岳庙,听到庙里传出一阵读书声。杜甫很诧异:"谁会在庙里读书?"随即便循声走进庙里,只见一个穿得破破烂烂的青年正在读书。

杜甫问:"请问你贵姓?为什么在这里读书?"

那人一看眼前问他话的人穿着又轻又暖的皮裘,就知道是一位贵公子,于是忙站起来,请他坐下,然后回答道:"在下姓苏,因为家境贫寒,所以借住在此。"

杜甫被他不卑不亢的态度吸引住了,于是跟他交谈起来。原来,他姓苏,名预,字源明,也就是前文和杜甫一起登泰山的苏源明。苏源明是陕西武功人,他很小的时候就成了孤儿,后来一路寻师访友,徒步来到这里,已经在这庙里借住读书好几年了。杜甫也向他做了自我介绍,并告诉他自己是因为父亲在山东任职,为了省亲才来到这里的。两个年轻人很快就熟络起来了。当得知苏源明不仅喜欢写诗作文,还喜欢骑马射箭时,杜甫大喜:"真乃知音也!"没多久,两人就成了好朋友。

自从认识苏源明以后,他们就成了最佳驴友。苏源明的生活很清苦,但是很乐观。他的情绪感染着杜甫,让他忘记一切不快,尽情享受着这"裘马清狂"的日子。

春暖花开的时节,苏源明带着杜甫来到邯郸。隋文帝当年一把火烧掉了这里的城池,后又几经战乱,现在这里已经十分荒凉,但武灵丛台还在。这丛台以规模庞大、结构复杂、装饰精美而著称,它是赵国兴盛的象征。他与苏源明不止一次登上这丛台，细细端详着天桥、雪洞等景观，想象着当年赵武灵王在丛台上操练千军万马的壮观场面，仿佛那些号角声依然响亮，硝烟依然弥漫着。这使得他们热血沸腾，激动不已，因而在丛台上放声高歌，以缅怀邯郸那段曾经辉煌的岁月。

大雪封山的季节，他们又去了青丘。据说那里是黄帝斩蚩尤的地方，齐景公也曾在那里打过猎。他们骑着骏马，放出猎鹰。猎鹰在空中盘旋，充当哨兵。骏马在皂荚树和枥树林里穿梭，激昂的吆喝声传遍原野和山冈。突然听见猎鹰一声唳叫，杜甫连忙拉弓放箭，"嗖"的一声，箭矢射中大鸟，苏源明捡起猎物，连声夸赞："好箭法！"

随着时间的流逝，他们的友谊也日渐深厚，于是结拜为兄弟。这种密切关系使得杜甫一生都对这段岁月充满了美好的回忆，直到老年，他还在诗歌里回忆当时的情形：

> 春歌丛台上，冬猎青丘旁。
> 呼鹰皂枥林，逐兽云雪冈。
>
> ——《壮游》

第三章 快意青春

春天里，我们登上当年赵王兴建的丛台高歌。冬天，我们也曾在齐景公狩猎过的青丘旁打猎。我们穿梭在皂枥林中，纵鹰猎鸟，在白雪覆盖的山冈上纵马追逐野兽。

后来，因为父亲的关系，他们又认识了侠客张玠(jiè)。张玠是兖州著名"轻财重士"的豪侠。安史之乱时，安禄山部下李庭伟率吐蕃[3]兵到兖州城下胁迫，太守被吓得恭敬迎接。张玠为保地方平安，带头诛杀了李庭伟及其党羽好几十人后，功成身退，不愿接受朝廷封赏，带着儿子张建封去了江南隐居起来。张玠的住处很美：晴明的潭水上，鳣鱼游跃，弄出"发发"之响；春天草丛里，传来"呦呦"鹿鸣。杜甫和苏源明常常去张玠的住处喝酒聊天，几人都很豪爽，常常喝得一醉方休。有一回喝到天色已晚，张玠挽留他们。可杜甫说："不用不用，前村的山路虽然艰险，却已在醉中走熟。"等到清醒后，杜甫写了两首《题张氏隐居》，用以纪念这段日子。

他们三人当时都还算年轻，都有股豪气，他们出行游猎，在郊野的雪地里狂奔。张玠、苏源明豪放的气质深深感染了杜甫，使杜甫彻底忘却了科举考试的失意，与他们一起过着打猎与对酒当歌的快意生活。

有一回，他们骑行到房兵曹处，杜甫看到了一匹大宛骏马，顿时十分惊叹。当房兵曹问他马怎么样的时候，他说："真不愧是天下名马！有了如此矫健之马，你一定会战功赫赫，所向披靡！"于是，《房兵曹胡马》一诗便产生了：

> 胡马大宛名，锋棱瘦骨成。
> 竹批双耳峻，风入四蹄轻。
> 所向无空阔，真堪托死生。
> 骁腾有如此，万里可横行。

这是一匹产自大宛国的名马，它那精瘦的筋骨像刀锋一样突出。它的两耳如斜削的竹片一样尖锐，跑起来四蹄生风。骑着它完全可以放心大胆地驰骋沙场，甚至可以托付生死。拥有如此奔腾快捷、可托死生的良马，完全可以横行万里之外，为国立功了。

杜甫用他的传神之笔，将一匹神清骨峻、驰骋万里的"胡马"刻画得惟妙惟肖。

徐悲鸿曾说，他画的《奔马图》，就是从这首诗中获得启发，才画出了马"万里可横行"的气势。

在齐赵漫游期间，以杜甫为首的驴友团在不断扩大，大家一起纵马飞驰的生活多么逍遥自在啊！直到多年以后，杜甫依然回味无穷。

注释

［1］鲁恭王：刘余，西汉宗室大臣，汉景帝刘启之子。汉景帝二年（前155），立为淮阳王。七国之乱平定后，封为鲁王。爱好音乐，不喜文辞。扩建宫殿时，得到古文经传。

［2］苏源明：唐代文人。天宝进士。后官东平太守、国子司业。安禄山陷京师，源明不受伪职。肃宗时官秘书少监。有文名，与杜甫、元结等友善。

［3］吐蕃：中国古代藏族政权名。公元7—9世纪存在于青藏高原。吐蕃是唐人对这一政权的称谓。

诗词延伸

画 鹰

素练风霜起,苍鹰画作殊。
㧐(sǒng)身思狡兔,侧目似愁胡。
绦旋光堪摘,轩楹势可呼。
何当击凡鸟,毛血洒平芜。

诗意

　　白色的画绢上仿佛腾起一阵风霜肃杀之气,原来是矫健不凡的画鹰挟风带霜而起。你看那苍鹰挺着身子,似乎是想攫取狡猾兔子似的;苍鹰的眼睛侧目而视和猢狲的眼睛相似。苍鹰神采飞扬可摘除系着绳子的铜环,悬挂在轩楹上的画鹰气势灵动呼之欲出。何时让这样卓然不凡的苍鹰展翅搏击,将那些"凡鸟"的毛血洒落在原野上。

诗说

这是一首题画诗。画上题诗，是我国绘画艺术特有的一种民族风格。古代文人画家，为了阐发画意，寄托感慨，在画面上题诗，达到诗情画意相得益彰的效果。

诗里"句句是鹰，句句是画"，作者借鹰言志，从而表现了诗人青年时代昂扬奋发的心志和鄙视平庸的性情。全诗共分三层意思：一、二两句为第一层，点明题目；中间四句为第二层，描写画面上苍鹰的神态。其中，"思"与"似"、"摘"与"呼"两对词，把画鹰刻画得栩栩如生。最后两句是第三层，承接上文，直接把画鹰当成真鹰，表现了诗人青年时代昂扬奋发，积极进取之心和鄙视庸碌、疾恶如仇之心。

第四章 首阳定居
（741—744）

虽然鲜衣怒马、裘马清狂的日子能带给人无限快感，但给不了定居在首阳带来的安宁。即使偶尔会有少许伤感，但对于看过太多名山大川的杜甫来说，这里却是离自己精神最近的地方，这也许就是"月是故乡明"的家乡情结吧。

一览众山的
杜甫

月是故乡明

一晃又是五年过去了。在这五年里，杜甫遍访齐赵的名山大川，他的胸襟越来越开阔。每到一处，那些动人的历史故事，可歌可泣的英雄人物，都会牵动他的神经，引起他的共鸣。在这五年里，他结识了许多志同道合的朋友，他的诗歌风格也丰富起来，有的充满豪情壮志，有的清丽婉转，有的饱含深情，也有的风趣幽默。

741年，杜甫二十九岁。他想起孔子曾说过的"三十而立"和"立于礼"，觉得是该为自己的将来作打算了，于是结束了这次漫游，回到洛阳。

洛阳这么大，去哪里长住呢？杜甫思来想去，决定到首阳山。

洛阳和偃师中间偏北的首阳山，是太阳一出来，最先照到的大山，也就是离太阳最近的地方。关于首阳山，还有这样一个故事：商朝的上大夫伯夷和叔齐是孤竹国[1]国君的两个儿子。国君喜欢小儿子叔齐，临死时传位给了他。国君死后，叔齐不愿意违背立长子为王的规矩，坚持要让位给哥哥。哥哥伯夷为了让弟弟安下心来当国君，于是就偷偷离家出走了。哥哥走后，弟弟也离开了王宫，四处寻找哥哥。后来他们碰巧在路上遇到了，于是决定不再回孤竹国。他们听说周文王尊老爱老，于是便投奔周文王，在那里定居下来。文王死后，武王一继位就去讨伐商纣，两兄弟认为此举不孝也不仁，于是拦马劝谏，差点被杀。后武王讨伐成功，两兄弟都认为这是件可耻的事情，决心不做周臣，不吃周粟。于是他们离开周朝的统治区，到首阳山隐居下来，靠采集山上的薇菜充饥。一位妇人看到他们说："你们采摘的野菜也是周朝的呀。"于是，他们绝食而死。

伯夷和叔齐的气节深深地感动着杜甫。他们死后葬于首阳山，杜甫最崇拜的祖父和先祖也葬于那里，因此杜甫觉得这是他精神所归的地方。祖父时时提醒他写诗是杜家的传统，先祖使他觉得一定要以天下苍生为己任，干出一番事业来。于是，他决定在这里修建居所，好好地思考人生。

在修建居所的日子里，杜甫常常登上山顶看日出。看太阳从浓云中喷薄而出，那丝丝温暖照耀着他迷茫的内心。站在山顶上，远眺东方，霞光万丈。北面是太行山，绵延千里，滔滔黄河奔流东去。往南，是嵩山众峰，巍峨险峻。在这里，他时常会看到少室山的佛光出没，伊洛河水波光粼粼。

这年的寒食节，杜甫在首阳山下的居所建成了。从此，他过上了每天夜晚沐浴着月亮的清辉安然入睡，早上在鸡、鸭、牛、羊的喧闹中起床读书的日子，这种日子让杜甫内心很安宁。为了让自己不忘本，不违背仁义道德，所以杜甫给自己的居所取名为陆浑庄。

就在这一年，杜甫成亲了。妻子杨氏是司农少卿杨怡的女儿，美丽大方，知书达礼，且宅心仁厚。在杜甫以后的岁月里，妻子与他荣辱与共，相濡以沫。

陆浑庄不远处，是祖父杜审言的好友宋之问[2]的住所。宋之问也是杜甫非常崇拜的诗人之一。杜甫定居首阳后，他不止一次去那里缅怀。当陆浑庄建成时，祭过祖先，他又去了，还写了一首诗《过宋员外之问旧庄》：

宋公旧池馆，零落首阳阿。
枉道祗从入，吟诗许更过。
淹留问耆老，寂寞向山河。
更识将军树，悲风日暮多。

第四章　首阳定居

　　大诗人宋之问的旧山庄别业，孤零零地坐落在首阳山的山腰。恰好我绕道，顺着路就进入了山庄，吟诵着宋公的诗句，就冲着他的诗作也值得我再来探访这位诗坛前辈的故居。我停留下来向老人询问宋之问的子孙家世，老人告诉我，他家已无后人了。我对着依然如故的山庄，感到十分孤寂。看到宋之问的弟弟羽林将军宋之悌当年种的树还在，不禁增添了许多伤感。有风吹来，愈感悲凉。

　　这时候的杜甫，已经有几许感伤。不过，在家乡的怀抱里，杜甫的日子过得还算闲适。盛夏时节，他会去同样喜欢写诗的巳上人那里闲坐。炎热难耐的时候，巳上人将枕席铺设在幽静的树林间，他们一边吃着蔬菜水果，一边谈着佛理。谈着谈着，杜甫的新诗也出来了。

　　虽然鲜衣怒马、裘马清狂的日子能带给人无限快感，但给不了定居在首阳的杜甫带来的安宁。即使偶尔会有少许伤感，但对于看过太多名山大川的杜甫来说，这里却是离自己精神最近的地方，这也许就是"月是故乡明"的家乡情结吧。

万一理想实现了呢

在陆浑庄居住的日子,杜甫常常想起他长达十年的漫游里,走过不少地方,也认识了吴越和齐赵的文化,写出了不少优秀的诗篇。但是,比起祖父来,自己还是差得太远。杜甫天天望着先祖杜预的坟墓,想起杜预的一生,越发敬仰,于是写了一篇《祭远祖当阳君文》,以颂扬先祖的智慧与功德。这两个人是杜甫最推崇的人物,影响了他的一生。前者让他时时刻刻都意识到写诗是杜家的传统。后者让他觉得辅佐君王成为明君,造福天下是他的责任。

这时候的杜甫心态上已经发生了变化,他从漫游和隐居的心态转向了追求仕进。于是,在陆浑庄住了一段时间后,他就移居到离洛阳更近的土娄庄。到达土娄庄不久,他去祭奠外祖父、外祖母时,写了一篇《祭外祖祖母文》,在文中,他说自己幸运的是遇到了圣明的君主,愿意发挥自己的聪明才智,做出贡献。但是,不知何时才能展翅高飞,实现自己的抱负。

第四章 首阳定居

此时的杜甫，已明确表达了自己打算在仕途上有所作为的志愿。

这一年，杜甫的父亲杜闲去世了。当时父亲正任奉天县令，这对杜甫来说，是一大打击。虽然父亲在他小时候没怎么管他，但很爱他，给了他丰厚的物质生活。父亲一去世，就意味着杜甫得承担起家庭的重任。天宝元年（742），深爱他的姑母在洛阳仁风里去世。杜甫回到东都洛阳，以儿子之礼为她服丧、作墓志、刻石。在那期间，他常常不由自主地想起儿时的温暖往事：

每年春天，杜甫都要和姑母去城东看桃花，也常跟着她去寺庙礼佛。那时候，寺里卢舍那大佛正在修建，在工匠的手下，大佛典雅华贵、庄严肃穆的壮丽景象对年幼的杜甫来说，仿佛就是精神的穿透与洗礼。他永远都忘不了寺里烟雾袅袅，香客摩肩接踵，而大佛沉默慈悲的样子。姑母常陪着他读书写字，对于他的点滴进步，姑母都赞不绝口……

从前有多快乐，此时的杜甫便有多寂寞。唯一给过杜甫母爱的姑母也离去了，接连的打击让杜甫深感痛苦。对于他来说，这是伤心的一年。童年的欢乐，现时的担忧，幼时的温暖，此时的孤单，统统涌上心头。

一览众山的杜甫

办完姑母后事，杜甫一直待在洛阳，寻找入仕机会。其间，杜甫也常会同一些当朝达官贵人来往。其中驸马郑潜曜(yào)和秘书监李令问的家里，杜甫算得上常客。

郑驸马是唐玄宗之女临晋公主的丈夫，他的母亲是代国长公主，官至驸马都尉，是唐朝的名士。他的别业园亭建在洛阳西不远的新安县。亭子建在山间翠微处，险峻的巉岩之上，非常雅致。

一个秋天的傍晚，杜甫离开这里，看到夕阳余晖下的亭子显得更加美不胜收，略一沉吟，便写下这首《重题郑氏东亭》：

> 华亭入翠微，秋日乱清晖。
> 崩石欹山树，清涟曳水衣。
> 紫鳞冲岸跃，苍隼护巢归。
> 向晚寻征路，残云傍马飞。

华美的亭台立于青翠的山林之中，秋天的太阳随意播撒着明净的光辉。崩裂的巨石依靠着山树，泛起波纹的清水牵动着漂浮的青苔。霞光下被映成紫色的鱼儿不时跃出水面，暮色中苍鹰归来。我自华亭回家，天色已晚，天边

第四章 首阳定居

的残云陪伴着马一齐奔飞。

虽然眼前的美景让人陶醉，可杜甫知道，这些美好，都不属于他。而秘书监李令问是个奢靡的人，热衷于美服佳肴。他的春风华馆，杜甫也常去。那一次，李大人招了东床快婿，大摆宴席，杜甫应邀前往。看到豪华的馆舍春风起，高高的楼阁仿佛要把云雾刺穿，家门前喜气洋洋。门后的屏风上画着开屏的金孔雀。卧室里的锦被上绣着盛开的玉芙蓉。桌子上摆放着美味的双鱼，味道十分香浓……

虽然，秘书监的奢靡生活杜甫不敢苟同，但是他十分爱才，所以杜甫跟他的交往比较频繁。

由于经常出入那些场合，迎来送往，玉食锦衣，让本就不富裕的杜甫入不敷出，生活捉襟见肘。有时，杜甫也会陷入沉思，这样的生活到底是不是自己想要的。当时的洛阳，虽然人文荟萃，但是官场钩心斗角的场景并不少见，杜甫感到厌烦，有时候还很憎恨。他常常这样想：将来自己走入仕途，一定要纠正这样的不良之风。

> 致君尧舜上，再使风俗淳。
>
> ——《奉赠韦左丞丈二十二韵》

辅佐君王使他成为像尧、舜那样的圣明君主,让政治清明、人民和睦,进而使得社会风气变得敦厚淳朴。

也许就是从那时候起,杜甫就下定了决心。虽然未来难料,但万一理想实现了呢?

这样的生活过了两年,直到天宝三载(744)的5月,杜甫的继母卢氏去世。同年8月,杜甫为她撰写了墓志。亲人们一个一个地离去,生活的压力一下子加大,杜甫心灰意冷,内心感到无限的寂寞。这时候,杜甫多么希望能出现一个志同道合的朋友,点燃他生命的激情。

注释

[1]孤竹国:古国名,在今河北卢龙东南。存在于商、西周、春秋时。相传为姜姓,其君墨胎氏。伯夷、叔齐即商末西周初年孤竹君的两子。齐桓公救燕伐山戎,曾攻及孤竹。

[2]宋之问:唐诗人,高宗上元年间进士。诗与沈佺期齐名,并称"沈宋"。多应制唱和之作,文辞华丽。律体谨严精密,对律诗体制的定型颇有影响。

诗词延伸

夜宴左氏庄

风林纤月落,衣露净琴张。
暗水流花径,春星带草堂。
检书烧烛短,看剑引杯长。
诗罢闻吴咏,扁舟意不忘。

诗意

　　微风起于林间,一弯纤月坠落西山。在僻静之处弹琴,清露沾湿了衣衫。涧水潺湲,黑暗中傍着花径流过,泠泠之声充满双耳。春星灿烂,夜空犹如透明的屏幕,映出草堂的剪影。点烛读书,烛火越烧越短;饮酒看剑,酒越喝越酣畅。写完新诗,忽然听到有人用吴音吟咏,又勾起了我前几年泛舟江南的回忆,心情久久不能平静。

诗说

写庄园静夜景色，是盛唐诗中较多见题材。此诗是记事名篇。描绘了诗人在一个春夜宴饮的情景。通过细腻的笔触，展现了夜晚的宁静与美好，同时也表达了诗人内心的感慨和对自由的向往。

第一句写夜景，第二句交代事情——宴事；三、四句描绘的夜景很有奇幻色彩，一个"流"字使诗句灵动起来；五、六句描绘了夜宴的场景，宾主尽欢的场面跃然纸上；最后两句说，写完诗回忆往事，想起泛舟吴越的情景。全诗自然脱俗，语句清新明快，不同于杜诗中惯常的雄浑简古，是杜甫清丽诗篇的典范之作，展现了他作为"诗圣"的非凡才华。

第五章 遇见李白
（744—745）

那天，杜甫来到李白的住处，可是李白不在家，杜甫只好在那里等着。李白住所门口有一眼泉水，叮叮咚咚，很是清澈。杜甫看得入迷，嘴里不自觉地冒出一句："泉泉泉泉泉泉泉。"一连用了七个"泉"字，意思是泉水很旺盛。他的话音刚落，忽听得一个声音接上："洒下银珠粒粒圆。"

一览众山的
杜甫

变身小迷弟

盛唐经济的繁荣也带动了文化的繁荣。在那个诗文盛行的时代，不得不提伟大的浪漫主义诗人——李白。

李白，字太白，据说他出生时，其母梦见太白金星入怀，于是父亲给他取名李白。少年天才的他一路漂泊，直到42岁时才得到了人生中的第一个机会：好友元丹丘受诏入朝，得到了玉真公主[1]的礼遇，他便向公主引荐李白。此时，李白也在长安紫极宫结识了贺知章。贺知章惊讶于他瑰丽的诗歌和非凡的文采，给他起了个外号叫"谪仙人"。之后，在玉真公主和贺知章的推荐下，玄宗几番目睹他的文采，十分倾慕他的诗赋。不久召他进宫，封他为翰林供奉，李白似乎成为当时最受宠的诗人。一时间，李白风光无限，打算在政治上一展宏图。没想到玄宗只是让李白写诗文娱乐，天天陪他玩。李白很郁闷，这与他的政治理想相差太远了。渐渐地，他对自己的工作不上心了，整天喝得酩酊大醉，就连玄宗召见他也爱答不理的，还自

第五章 遇见李白

称"酒中仙"。尽管如此,玄宗并没有大发雷霆,反而对他十分包容。

有一次,唐玄宗带着杨贵妃在御花园赏花,心情大好,于是让人宣李白来作诗,没想到他又喝醉了。玄宗没有生气,顺势让他醉着写诗。而喝得醉醺醺的李白竟然要专门服侍皇上的太监高力士给他脱靴,杨贵妃亲自研墨,这一下让李白出尽了风头。随后,他稍作思索,便写出了一组三首著名的清平调[2],令杨贵妃喜笑颜开。自那以后,唐玄宗对他更加宠爱,给了他无上的荣华与尊崇。然而李白不愿成为被皇宫圈养的宠物。那一年,李白相继送走了好友贺知章和元丹丘后,倍感孤独。随后,李白带着玄宗给的一大笔离职金,失望地离开了京都。

744年,心灰意冷的李白来到了洛阳,遇到了科考失败的杜甫。那一年,李白四十四岁,杜甫三十三岁。当时,杜甫的诗歌才刚刚确立起自己的风格,而李白已经写出了不少名篇,声名远播。关于他们的第一次见面,有这样的传说:

杜甫听说李白来到了洛阳,非常想见这位仰慕已久的偶像。那天,杜甫来到李白的住处,可是李白不在家,杜甫只好在那里等着。李白住所门口有一眼泉水,叮叮咚咚,很是清澈。杜甫看得入迷,嘴里不自觉地冒出一句:"泉泉泉泉泉泉泉。"一连用了七个"泉"字,意思是泉水很旺盛。他的话音刚落,忽听得一个声音接上:"洒下银珠粒粒圆。"杜甫回头一看,眼前豁然一亮,只见说话者长长的头发如瀑般倾泻而下,双目炯炯有神,一丝灿烂的笑意挂在唇边,使整个人显得神采飞扬。杜甫惊喜极了,问:"来人可是李太白?"那人手往胡须上一抹,点头道:"然然然然然然然。"说罢,两人哈哈大笑。这是他们第一次见面,谁也没想到,居然合写了一首诗。

现代诗人闻一多先生曾这样评价:"他们的相遇,是中国文学史上最激动人心的时刻,也许只有老子与孔子的相遇能与之媲美,仿佛太阳与月亮的遇见。"

杜甫见到李白,内心是狂喜的。李白看着初出茅庐的杜甫,就像看到了十年前的自己。此时的李白经历过成功的幻梦,已经意识到人生苦短,应当及时行乐。而杜甫看着近在眼前的偶像,被李白豪爽和诗化的人格所吸引,全然入迷。

杜甫年龄还小的时候,就被李白充满浪漫主义色彩的诗歌所吸引。他喜欢李白诗歌里所表现出来的热情奔放的个性和丰富的想象力。尽管他们的诗歌风格完全不一样,

第五章 遇见李白

但并不影响他成为李白的小迷弟。相同的理想,相似的命运,都敢于挑战传统的勇气,让他们成了无话不谈的朋友。聊天中,李白对杜甫非常欣赏,两人一见如故。

接下来的日子里,他们白天相携游玩,晚上纵情饮酒,相谈甚欢。杜甫看到李白的豪放与洒脱下,掩藏着对现实的无奈。这也让他仿佛看到了陶弘景,虽然解甲归田了,但仍心系国家,一边炼丹,一边做着"山中宰相"。没过几天,李白要离开洛阳,去汴州投奔"从祖"李彦允,杜甫因家里继母的事还未了结,无法陪同前往。于是他们相约,秋天一起游梁宋,一起去寻仙问道。为此,杜甫写了一首五言古诗《赠李白》:

> 二年客东都,所历厌机巧。
> 野人对膻腥,蔬食常不饱。
> 岂无青精饭,使我颜色好。
> 苦乏大药资,山林迹如扫。
> 李侯金闺彦,脱身事幽讨。
> 亦有梁宋游,方期拾瑶草。

我在东都作客两年,经历的那些机智灵巧的事情,最令人厌烦。权贵们总用大鱼大肉来招待我，吃素食的我常常吃不饱。难道没有青精饭吃，让我的脸色变好？山林里就像被打扫过一样，找不到做灵药的好材料。大才子李白从城中复杂的人际交往中脱身出来，四处寻幽探访。将来还有约定好的梁宋游，希望可以找到灵药。

杜甫将李白到来前后的东都生活进行了对比，发现自己对世俗是如此厌恶。李白的出现，无疑是杜甫生命中的一道光，照亮了他的内心。两个年龄差距大却志同道合的人走到了一起，不知道会擦出什么样的火花。他们在这个盛世即将衰落的时代，各自又将经历什么呢？

三人行，必疯狂

那年秋天，杜甫和李白如约重逢在梁宋。梁就是现在的开封，宋就是商丘。在唐代，这两个地方都很繁华，交通方便，人口稠密，建筑宏伟，生活奢华。由于当时几十年社会生活的富庶，在诗歌里渐渐形成了一种浪漫的风格。一部分诗人用自由、豪放的诗句去歌咏游侠和求仙，于是，游侠的风气盛极一时。那时的长安、洛阳都是侠客们出入的场所，游侠生活就成为诗歌里的一个新的主题。李白就属于这一类诗人，游侠与求仙，在他的一生中占有重要地位，这种生活是浪漫的，但杜甫并不喜欢。可是在与李白相处的这段时间里，李白的游侠与求仙访道的豪放气质，真挚而毫不矫饰的言谈，对待朋友的真诚及斗酒诗百篇的文学天赋，都深深地打动着杜甫。

这次相见，对于杜甫来说，依然是狂喜的。能跟自己崇拜的偶像近距离接触，谁不高兴呢？

在商丘，他们做得最多的事情就是去访古。当然，骑马打猎依然是他们的重要活动之一。从商丘往北,当时有一个大泽湿地,他们就在那里打猎。和他们一同打猎的,还有写出"莫愁前路无知己,天下谁人不识君"的著名诗人高适。当时,他入仕失败,正空怀壮志在这里艰难谋生,因此对这里的地形非常熟悉,成了他们的最佳陪猎。相似的境遇让他们三人一见如故,很快就结下了深厚的友谊。当时的大泽湿地,野生动物很多。他们的马队每每出行,便是马蹄声声,猎鹰唳鸣,好不热闹。往往没走多远,就会发现目标,于是扬鞭驱马,拉弓射箭。箭声响处,猎物落地,大家齐声欢呼,快乐得像一群孩子。

有时,他们会在城里的酒楼畅谈痛饮,吟诗作赋;有时,他们会登上春秋时期著名乐师师旷所筑的吹台,南望芒砀山上的浮云。

一天黄昏,他们仨走上孔子的弟子宓子贱任单父宰时"鸣琴而治"的琴台游览。关于这琴台的由来,有这样的说法:

宓(fú)子贱任期三年间,任人唯贤,万事以民为先,没有奸邪,没有盗贼。闲暇之余,宓子贱时常登上城边一高阜弹琴,抒发情怀。宓子贱卸任后,巫马施继任,更加勤勉,因而政绩斐然。人们为了纪念他们俩,修建了这个琴

第五章 遇见李白

台,并取名为"单父台"。

杜甫看到原野一片荒凉,几乎可以见到遥远的碣石山(在今河北昌黎县北,秦始皇、汉武帝、曹操等都曾到此观海)。此时正是深秋,阵阵凉风中,桑树和柘树的枯叶像雨点一样坠落,田野里庄稼的枯枝败叶也在随风飞旋。天已下霜,孟诸泽开始冻上了。杜甫想:飞禽走兽的艰难日子来临了……

再看如今的时政,杜甫心里很不是滋味。

在商丘附近有许多古迹,比如梁园。汉文帝时期,深受宠爱的皇子刘武在开封被封为梁王。梁王就在师旷的吹台四周兴建亭台楼阁,遍植奇花异草,他也常在此饮酒作赋,因而得名"梁园"。后来,这里成为一处集离宫、亭台、山水、奇花异草、珍禽异兽、园林于一体,供帝王游猎、娱乐等多功能的苑囿。同时,也是以邹阳[3]、严忌[4]、司马相如[5]等为代表的西汉梁园文学家创作的主阵地。

一天,他们仨来到梁园,游览之余,登上吹台远眺,顿觉天高地远,苍茫不见。三人流连忘返,轮流把盏。酒到正酣处,突然听到一阵琴声,琴声婉转,他们想起汉高祖的故事,不禁感慨万千,诗兴大发。高适挥笔写下《古大梁行》,将战国时魏国国都的强盛与衰落,借咏怀古迹寄寓了深沉悲凉的兴亡之叹。全诗音律顿挫回环,格调苍凉古拙,感慨深沉,意味悠长。李白、杜甫二人一见,连声叫好。

李白于半醉半醒之间,写了一首《梁园吟》。他从客观景物写到历史逸事以及生活场景,抒发了世事沧桑巨变之感,使人感到一个激情四射的正直灵魂的苦闷挣扎,从而感受到社会对他的无情摧残和压制,间接抒发了对唐王朝衰落的隐忧。

杜甫、高适一见,除了佩服还是佩服。

登临怀古、把酒论文的日子虽然偶有忧郁,但绝大部分时间是快乐的,因为有两位朋友的陪伴。后来,杜甫回忆这段时光,不禁写道:

忆与高李辈,论交入酒垆。
两公壮藻思,得我色敷腴。
气酣登吹台,怀古视平芜。
芒砀云一去,雁鹜空相呼。

——《遣怀》

第五章　遇见李白

回想起我在安置酒瓮的土台，结交了高适和李白两位好友。两位才子的写作才能十分了得，让我十分钦佩。情绪高昂的时候我们登上吹台，遥望长满青草的平原，感怀汉高祖之事。芒砀山这个地方，汉高祖一死，就没有人了，只有雁鹜相互呼应而已。

在感怀历史的同时，他们谈论当时的时事：唐玄宗越来越好大喜功，边将们专门用立功来夸耀功绩，以博得皇帝的喜欢。胜了，就报告朝廷；败了，就把消息隐藏起来。对于国家前途，他们都不由得有危机感。

三人同行的日子是快乐的。在这里，他们可以尽情地做自己，忘记时间，忘记空间，忘记生活中的所有不快。他们一起访古，一起饮酒，一起作诗。三位同是怀才不遇的大诗人，度过了一段难忘的、近乎疯狂的时光。

一览众山的杜甫

天下没有不散的筵席

没过多久,这三个朋友都先后离开了梁宋。高适去了楚地,杜甫和李白到了山东齐州(今济南)。

这年夏天,李邕从北海来到齐州。那时,李邕的同宗孙辈李之芳在齐州任司马。杜甫一来到这里,就去拜访了李邕。杜甫在幼年时期,李邕曾对他的诗文大加赞赏。几十年来,李邕由于他的书法和文章以及广泛的交游,在文艺界享有极大的声誉,几乎成了传奇。

李邕的性格豪爽,直言不逊,曾是武则天当皇帝时期的左拾遗,竟胆敢以小小的官位,帮宰相弹劾武则天的爱宠张昌宗兄弟,所以坏人不容他。因而他的名声极大,却屡遭贬谪。有意思的是,他有一铁杆粉丝叫孔璋,从未见过他,却在别人告李邕贪赃枉法时,愿意替他去死。当时孔璋的奏章递上去,连皇帝都感动了。李邕因此免于死罪,被贬。孔璋因此被牵连流放岭北。

这时候的李邕将近七十岁,杜甫和他交流依然毫无

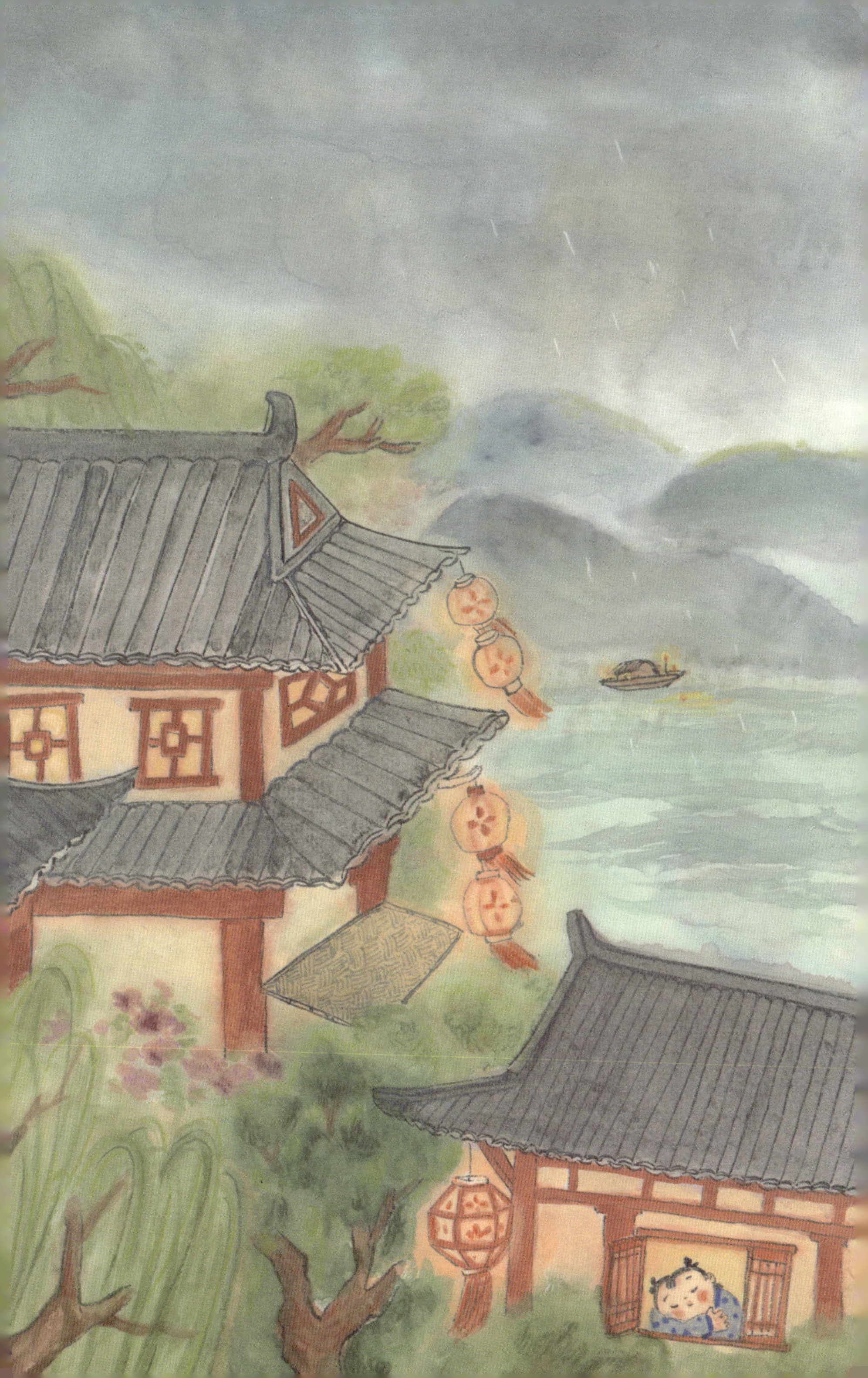

春夜喜雨

好雨知时节,当春乃发生。
随风潜入夜,润物细无声。
野径云俱黑,江船火独明。
晓看红湿处,花重锦官城。

第五章 遇见李白

阻碍。他们一起游历大明湖畔的下亭、新亭，一起吟诗作赋，谈论文学。

天宝四载（745），杜甫决定去临邑看望弟弟杜颖，临行时去向李之芳道别，结果他不在，原来是送李邕回青州去了。杜甫在树林里驻马停歇，看到旷野中的新亭靠近鹊山湖水，显得格外雅致。突然，湖中刮起一阵大风，顿时巨浪奔涌，鱼儿跃出水面，银鳞闪闪发光。不一会儿，斜阳辉映鹊山，鹊山显得更加清幽。眼看天色已晚，山水云雾密布，他回首望着李员外所去往的青州城，希望他能早日归来。回到住处，一首让人如临其境的《暂如临邑至㟙山湖亭奉怀李员外率尔成兴》便成了。

没想到，此次齐州之行是杜甫和李邕的最后一次会面。第二年，李邕没能躲过李林甫的"杖杀"。那年，李邕七十岁。

杜甫去弟弟那里停留了一阵子，秋天，再次回到兖州。此时，兖州已经改名为鲁郡。李白也已经回到鲁郡的任城县，于是约杜甫见面。能得到偶像的邀请，杜甫高兴极了，立即开始再次相携同游。受李白的影响，杜甫和李白一起去求仙和问道。为此，他们几乎将鲁郡一带的名胜古迹全都游了个遍。

一览众山的杜甫

有一天,他们决定去寻访范十[6]。吃过早饭,二人兴致勃勃地上路了。他们一路说笑着,结果迷了路。李白一不小心从马上跌落下来,滚进了草丛。杜甫连忙下马,将他扶起来。此时的李白,浑身沾满了苍耳,那窘样逗得杜甫哈哈大笑。杜甫想要帮他把苍耳摘下来,李白却说:"别弄坏了我的铠甲衣。"说完,他就带着满身的苍耳,重新骑马出发。一路颠簸,苍耳纷纷往下掉,杜甫大喊:"你的铠甲掉了!"喊完,又是一阵大笑。

后来,他们好不容易找到了范十的住处。在那里,他们度过了一段难忘的时光。范家很特别,就连门童都显得与众不同,杜甫写下这首《与李十二白同寻范十隐居》:

> 李侯有佳句,往往似阴铿。
> 余亦东蒙客,怜君如弟兄。
> 醉眠秋共被,携手日同行,
> 更想幽期处,还寻北郭生。
> 入门高兴发,侍立小童清。
> 落景闻寒杵,屯云对古城。
> 向来吟橘颂,谁与讨莼羹。
> 不愿论簪笏,悠悠沧海情。

第五章　遇见李白

李白写出的诗文就像南朝阴铿那样好。我也算得上是鲁郡的隐士，我就像自家弟兄一样喜爱他。喝醉后可以同盖被子睡觉，白天就结伴一起游玩。想到我们还有个期约，便一同去寻访隐居于北郭的范居士。

范居士家很雅致，就连年幼的小童也让人感到清雅。我们一直到夕阳西下寒杵声响起，晚云笼罩着古城还不想离开。就如《橘颂》中的品德高尚之人，谁会贪恋故乡风物之美呢？我们不想讨论仕途的事情，只沐浴于纯真的友情之中。

后来，他们又去王屋山寻访道士华盖君。等他们风尘仆仆赶到那里的时候，一打听，才知道他已经不在那里了。于是，他们就去寻访东蒙山的元逸人，可他已经迁居到秦岭的子午谷里修炼去了。杜甫来到子午谷，看到他屋前有太古玄都坛，冷风刮起的时候青色的石头遍地都是。夜里，杜鹃啼叫；白天，王母鸟自天而下。杜甫不禁感叹：这里真是仙人居住的地方！感叹之余，又觉得太冷清了。

离开子午谷，他们俩又去拜访了董奉先炼师。这次终于见到了，于是跟着他修道炼丹一番，结果刻苦修炼了很久，依然未修成正果。

这时的李白，经历了那么多事以后，对修道炼丹依然兴致勃勃。而杜甫，开始对它产生了怀疑：是不是自己应该回到红尘之中，继续去寻找入仕之道呢？

不久之后，李白去了沙丘，杜甫西去长安，他们是醉别的。从此，他们再也没见面。对于杜甫来说，李白那有趣的灵魂，始终深深地刻在他的记忆里。后来，杜甫写了好多首诗来怀念李白。直到十五年后，杜甫在成都听说李白因参与永王李璘幕府之故，被流放夜郎，万分担忧。后来又听说因天下大旱，朝廷宣布大赦，李白又重获自由，于是挥笔写下《不见》一诗：

> 不见李生久，佯狂真可哀。
> 世人皆欲杀，吾意独怜才。
> 敏捷诗千首，飘零酒一杯。
> 匡山读书处，头白好归来。

没有见到李白已经好久，他假装狂放真令人悲伤。世上那些人都想要杀了他，只有我怜惜他是个人才。他文思敏捷下笔成诗千首，飘零无依消愁唯酒一杯。匡山那里有你读书的旧居,头发花白了就应该回来。

虽然诗为《不见》,实则表达对再次相见的深深渴望。然而,他们终究未再见面。第二年,李白病重离世。这首诗也成了杜甫写给李白的最后一首诗。李白让杜甫真正感受到世界上竟有如此契合的灵魂,让他耗尽一生来思念。

注释

[1]玉真公主:唐睿宗李旦第九女,唐玄宗李隆基同母妹,自幼由姑母太平公主抚养。22岁那年出家,封号玉真公主,喜结交名士,向皇帝推荐人才。

[2]清平调:唐教坊曲名,后用为词牌。唐李濬《松窗杂录》载,开元中,李白供奉翰林,时宫中木芍药(即牡丹)花盛开,玄宗于月夜赏花,召杨贵妃侍酒;以金花笺赐李白,命进新辞《清平调》,时白尚在醉中,乃成三章,由李龟年歌之。

[3]邹阳:西汉文学家。齐(治今山东淄博市临淄区北)人。汉文帝时,初从吴王刘濞,有《上吴王书》,劝濞勿起兵叛汉,濞不听。后去为梁孝王客,被谗下狱。释放后,为梁王上客。所作散文,尚有战国游士纵横善辩之风。

[4]严忌:西汉辞赋家,会稽吴(今江苏苏州)人。好

辞赋，为梁孝王门客。

[5]司马相如：字长卿，蜀郡成都（今属四川）人，西汉辞赋家。其赋大都用极其铺张的手法，描写帝王苑囿之盛，田猎之壮观，场面宏大，文辞富丽，于篇末则寄寓讽谏。为汉代大赋的代表作家，对后世影响较大。代表作《子虚赋》《上林赋》。

[6]范十：名叫范愉，唐代名宦范传正之父。范愉虽为长子，但在整个范氏家族中排行第十，故杜甫称之"范十"。李白诗《寻鲁城北范居士失道落苍耳中见范置酒摘苍耳作》中"范居士""范野人"即为范十。

第五章 遇见李白

诗词延伸

赠李白

秋来相顾尚飘蓬,
未就丹砂愧葛洪。
痛饮狂歌空度日,
飞扬跋扈为谁雄。

诗意

秋天离别时两相顾盼,仍像飘蓬一样飘忽不定。丹砂没有炼成仙药,不禁感到愧对葛洪。痛快地饮酒狂放地歌唱,白白地虚度时光,像您这样意气豪迈的人,到底是为谁这般逞强?

诗说

这是一首七言绝句。全诗沉郁有致,抑扬顿挫,跌宕起伏。一个"狂"字将李白的傲骨嶙峋、狂荡不羁的个性刻画得入木三分，凸显出李白安能摧眉折腰事权贵的精神，这正是此诗的诗眼和精髓。

全诗言简意赅，韵味无穷。为了强化全诗流转的节奏、气势，则以"痛饮"对"狂歌"，"飞扬"对"跋扈"；且"痛饮狂歌"与"飞扬跋扈"，"空度日"与"为谁雄"又两两相对。这就形成了一个飞动的氛围，进一步凸显了李白的傲岸与狂放。

第六章 官场沉浮
（745—759）

　　进屋的是官府派来抓壮丁的差役，他们厉声吆喝着，问老婆婆说："你家男人到哪里去了？"

　　老婆婆带着哭声说："我的三个孩子都上邺城打仗去了，前两天刚接到一个儿子来信，说两个兄弟都已经死在战场上。家里只有一个儿媳和吃奶的孙儿，你还要什么人？"

　　老婆婆苦苦哀求，差役还是不肯罢休。老婆婆没有法子，只好自己被差役带走，到军营去给兵士做苦役。

一览众山的杜甫

考场遇黑幕

杜甫回到陆浑庄小住了一段时间，经过深思熟虑，他决定去长安寻找入仕之道，因为那里机会更多。746年，杜甫举家迁往长安。

唐代的长安是一座规模宏大、建筑雄伟、布局规范的大都市。其面积87.27平方千米，是同时代东罗马帝国都城君士坦丁堡的7倍。长安城格局非常工整，整个都城街道宽阔、坊里齐整、形制统一，里面散布着统治者的宫殿府邸，各种宗教庙宇、商店和旅舍，以及贵族园林。那里吸引了许许多多著名诗人，他们都爱用诗歌去描绘长安的繁华、统治阶级奢华的生活，以及日日夜夜在那里演出的精彩话剧。

此时的杜甫已经三十五岁了，他迫切想要在事业上有所成就，谋得一官半职，但漫游时的豪放情绪还没有完全消逝。因此，来到长安后，他结识了汝阳王[1]，经常出入他的王府上。在那里，他邂逅了许多有趣的人。其中不乏有豪爽狂放的,他们全都擅长饮酒,喝醉了各有姿态。一次,杜甫在喝得半醉之时,将想象与现实混杂在一起,挥笔写了一首《饮中八仙歌》。在他的笔下,八酒仙的醉态被刻画得惟妙惟肖,非常有趣:

贺知章酒后骑马,晃晃悠悠,好像在乘船,眼睛一花坠入井中,竟在井底睡着了;李白喝酒一斗,马上可以赋诗百篇,他去长安街酒馆饮酒,常常醉卧在酒家,天子在湖池游宴召他写诗,他因醉酒不肯上船,还说自己是酒中神仙;而长期斋戒的苏晋,虽在佛前斋戒吃素,但一饮起酒来常常把佛门戒律忘得一干二净……

就这样,杜甫在长安且醉且歌地过了一年。第二年春暖花开时节,杜甫到渭河边上赏春,看着春日的树木焕发出勃勃生机,又想起此时正在江东的李白,不知他是否安好。思念之至,杜甫挥笔写下这首《春日忆李白》:

白也诗无敌,飘然思不群。

清新庾开府,俊逸鲍参军。

渭北春天树,江东日暮云。

何时一樽酒,重与细论文。

李白的诗没有人可以与之相匹敌，他这个人更是飘然若仙，卓尔不群。他的诗既像诗风清新的北周庾信，也像俊逸豪迈的南朝鲍照。渭北春天的树啊，江东日暮的云啊，何时我们才能够共饮一樽酒，再一起细细地品诗论文呢？

没过多久，杜甫遇到孔巢父，他是孔子第三十七世孙。此时的孔巢父，已经看破世事，称病拒绝在长安当官，准备东游吴越。杜甫在他身上看到李白的影子，他们都属于超凡脱俗的人。临走时，杜甫写了一首《送孔巢父谢病归游江东兼呈李白》赠给孔巢父，更赠给远在吴越的李白。

这时候杜甫很矛盾，一方面他很怀念过去那种自由豪放的生活，另一方面又不得不跟过去的生活告别，开始积极准备，静待入仕时机。

机会终于来到了，747年，唐玄宗征召在文学艺术方面有一技之长的人到京都就选，也就是将进行制考。杜甫得知这个消息，高兴极了。因为他已做好了充分的准备，觉得自己一定能成功。可现实却是"希望越大，失望也越大"，当年跟他一起参加考试的人一个也没中，杜甫也不例外。

第六章　官场沉浮

为什么呢？因为当时唐朝的政治已经日趋腐化，李隆基做了三十多年的皇帝，看到四海升平，社会富庶，觉得再也没什么事值得忧虑，该考虑的是自己如何才能长生不老。于是他不再关心国家大事，将一切大权交给宰相李林甫，自己整天沉迷于骄奢淫逸的声色生活中。李林甫善于投机钻营，是一个口蜜腹剑的人，说话时满口仁义道德，实则仗着皇帝的信任，自己趁机捞取各种好处。为了持续取得皇帝的信任，他压抑比他有能力的人，以巩固自己的地位；他一再制造大狱，诬陷不与他合作的官员，以扩充自己的势力。在他的打压下，一大批正直、有才能的人士被迫害。这次制考，李林甫以一句"如今的民间没有遗留的贤能了"（意思是所有贤能的人都已经在朝中了）草草了结。明知道是阴谋，可糊涂的皇帝也只好认同。这就是历史上著名的"野无遗贤"的故事。

就这样，杜甫又一次科考失利了。这对于他来说，简直是致命的打击。从此，他走上了艰难的求职路。

一览众山的
杜甫

屋漏偏遭连夜雨

本来由于父亲去世,杜甫失去资助,生活就窘迫起来了,结果这次科考又失利。对于孤注一掷的杜甫来说,几乎葬送了他所有的希望,真是"屋漏偏遭连夜雨,船破又遇顶头风"啊。他知道,科举这条路已经走不通了。在唐代,入仕途径有三条:一是世袭,杜甫不够格;二是参加科举,考中后一步步升迁,杜甫已经两次科考失利,显然也不行;三是投诗干谒(yè),得到权贵们的举荐。杜甫思来想去,决定走第三条路。为此,他不得不在长安一带流浪,生活一天比一天穷困。尽管很不愿意,他也不得不放下面子,低声下气,拜谒当朝权贵,向他们投诗,以期得到他们的举荐。为了生活,他还充当几个贵族府邸中的"宾客"。

除此之外,杜甫还上山采药,自己也种药,通过沿街卖药或向权贵献药的方式换取钱财来维持生计。为了节省开支,他不得不寄宿在朋友家中。对于杜甫来说,这是非常矛盾的生活,一方面得讨好权贵,一方面又对这样的行

第六章 官场沉浮

为很不齿，使他内心非常痛苦。他曾在诗中这样写道：

> 招要恩屡至，崇重力难胜。
> ——《赠特进汝阳王二十二韵》

你多次给予我恩惠，让我感到难以承受这种恩情。

> 朝扣富儿门，暮随肥马尘。
> 残杯与冷炙，到处潜悲辛。
> ——《奉赠韦左丞丈二十二韵》

早上去敲豪富人家的大门，受尽纨绔子弟的白眼，晚上尾随着贵人肥马扬起的尘土郁郁归来。成年累月就在权贵们的残杯冷炙中讨生活。

可怜的杜甫虽然写诗无数，但即使是非常欣赏他的韦济[2]也没能帮上什么忙。他的生活每况愈下，没有任何起色。

杜甫生活在社会的底层，他同时看到百姓们的艰辛与达官显贵们的骄奢。眼前的现实不断叩击着杜甫的内心，他这才意识到当时社会已经逐渐黑暗，但他并没有失去信心。他相信，如果自己能实现理想，就能及时提醒当权者们恢复政治的清明。

751年，杜甫来到长安的第五个年头，机会终于来了。这一年，宫里传出了皇帝要封禅泰山的消息。此次封禅，唐玄宗希望自己的丰功伟绩能为天地共鉴。

杜甫得此消息，心想：投诗给权贵没用，那就借此机会给皇帝写诗吧。

这一年正月初八到初十的三天内，唐玄宗接连举行了三个盛典：祭祀玄元皇帝、太庙和天地。杜甫趁此机会写成三篇大礼赋，投入一个类似现代的意见箱里。这三篇大礼赋分别是《朝献太清宫赋》《朝享太庙赋》《有事于南郊赋》。这三篇赋分别强调了礼制的庄严和神圣，对祖先的敬仰和纪念，展现了国家大典的盛况。

杜甫的文采以及他对传统礼制的尊重和维护，让唐玄宗十分赞赏，当即让他待制集贤院，命宰相对他的文章进行考试。在唐代，只有皇帝钦点的状元郎才有此殊荣。杜甫一天之间，就名扬朝廷和京都。当时集贤院的学士们争相前来观看他在中书堂下笔写应试文章，密集排列得像堵墙一样。

然而，这个幸运对于杜甫来说，只是昙花一现。因为

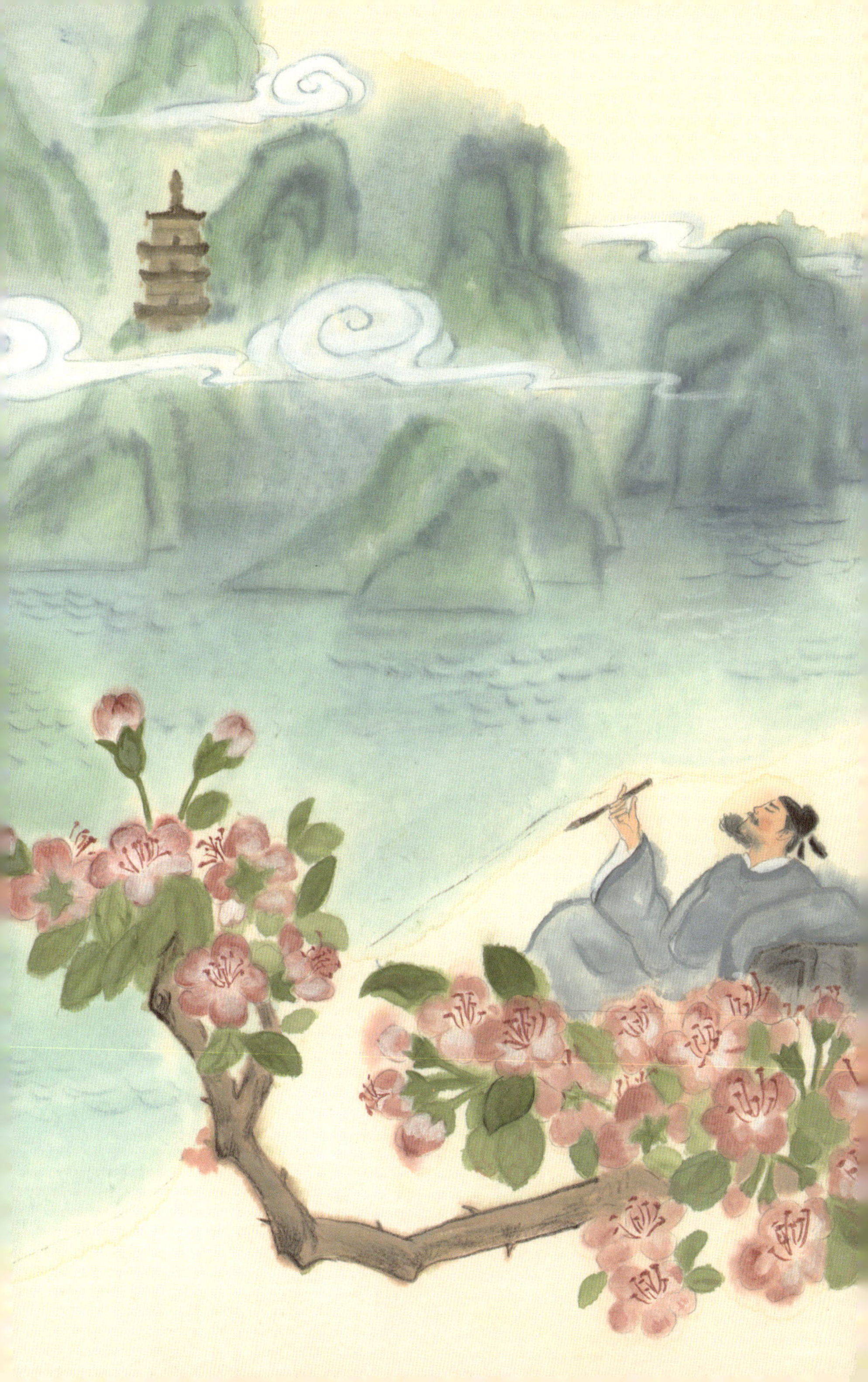

江畔独步寻花

黄师塔前江水东,

春光懒困倚微风。

桃花一簇开无主,

可爱深红爱浅红?

第六章 官场沉浮

考试过后，就永无下文了。按照大唐礼制，新科进士需要待选三年。杜甫的名字进入朝廷吏部考核名单，只需要排队等待任命就可以了。然后这次又是李林甫从中作梗，他怎么能容忍有才能的人得到皇帝重用呢？杜甫只好长久地等待。有时候，他心灰意冷地想：仕进的路估计是行不通了，看样子只能继承祖父的名声，好好作诗吧。

可他又没完全断掉念头，后来又写了两篇赋，即《封西岳赋》和《雕赋》。他在这两篇赋里将仕进的渴望写得十分强烈，把自己穷困潦倒的生活写得十分凄凉。写完后把这两篇赋不加选择地投给那些权贵，希望得到他们的引荐。

在长安的日子久了，杜甫满是寄人篱下的狼狈。投诗不成，现实生活又无比窘迫。原本恃才自负、生性倔强的杜甫现在却彷徨失措，不知道自己将何去何从。

接二连三的打击让杜甫处于水深火热之中。可即使是这样，他也没有忘掉自己的信念。此时的杜甫看到了更多的社会现实，因而开始关注底层人民的疾苦。正因为这样，他更加迫切希望入仕，以实现他辅佐君王，让人们安居乐业，再现昔日辉煌的伟大理想。

一览众山的
杜甫

往事成追忆

748年,安西副都护高仙芝平小勃律得胜归来,京城一下子轰动了。人们早早起来,守候在他们归来的大道旁。等到将军骑着他的战马威风凛凛地出现在大家面前,顿时,道路两旁锣鼓声、欢呼声不绝于耳,一浪高过一浪。

见此情形,杜甫也热血沸腾,激动不已。激动之余,杜甫想到自己迟迟不得志,四十岁未到,就已生出白头发了,还不如骑上战马,投笔从戎。

可穷苦的生活摧毁了杜甫的健康,这个想法也是一闪而过而已。751年秋天,长安下了很久的雨。长安街上,到处都是倒塌的房屋。杜甫在旅舍里整整病了一个秋天,门外的积水中生了小鱼,床前的地上也长满了苔藓。他的肺本来就不好,这次又染上严重的疟疾,让他痛苦难忍。

752年,高适随河西节度使哥舒翰入朝,杜甫与他重逢。杜甫与他多年不见,见他骑着大马,非常威风。后来

第六章　官场沉浮

得知，他是得到田梁丘的引荐才入的哥舒翰军。虽然当时李林甫之类的奸臣当道，但哥舒翰惜才，所以并没有受什么影响。于是，杜甫趁哥舒翰派遣田梁丘入朝时给他投诗，表达自己想从军的志向。后来又给他投了一次，希望他能将诗转交给哥舒翰将军本人。可是没过多久，哥舒翰中风了，回到京城养病。杜甫知道，自己的希望又破灭了。

在此期间，杜甫结识了岑参[3]和郑虔[4]。岑参当时在高仙芝的幕府任书记，于751年秋天随着高仙芝来到长安。郑虔则在长安任广文馆博士（一个闲散的职位）。

这天，他们三人一起登上慈恩寺塔，俯瞰长安。以山川为背景的长安呈现一片雄浑而沉郁的气象。他们三人心生感慨，各写了一首诗。岑参和郑虔都写出了登上高塔，好像升入虚空，与世隔绝的感受。而杜甫呢？看到秦山破碎，内心有了危机：因为玄宗晚年不问朝政，整天贪图享乐，这样的太平盛世还能维持多久？

一天早上，杜甫亲眼看见统治者用暴力征发来的兵士开往边疆的情形：他们的父母妻子拦道牵衣，哭天抢地。杜甫拦路问一个兵士要去哪里，他说他十五岁时就到过北方防守黄河要塞，好不容易盼回来了，如今满头白发，又

一览众山的杜甫

要开往边疆营田，准备和吐蕃作战。抛下家里的田地没人种，可是县官又来催租，真不知道租税哪里凑得出来。杜甫听后，心如刀割，于是他写了第一首替人民发声的诗——《兵车行》。后来，他又写出《前出塞》九首诗，他用这样的诗句来描述征夫们不得不奔赴前线的情景与心情：

> 戚戚去故里，悠悠赴交河。
> 公家有程期，亡命婴祸罗。
> 君已富土境，开边一何多。
> 弃绝父母恩，吞声行负戈。
>
> ——《前出塞九首·其一》

753年8月，长安大雨成灾，政府从太仓里拨出十万石米减价卖给市民，每人每天领五升，杜甫也属于天天从太仓里领米的人。这天晚上，杜甫和郑虔二人买酒痛饮，喝得酣畅淋漓。虽然久已收敛的豪情能够得到一度的释放，但眼前的饥饿无论如何都不能摆脱。昔日的盛景早已不再，裘马清狂、无忧无虑的日子也一去不复返。对于杜甫来说，所有的往事都成了追忆。

第六章　官场沉浮

终于入职了

751年前后,杜甫在长安的杜曲附近有了住所。杜甫的庭院建在城南少陵原半原上,四周生长着高大的白杨树,远处是连绵不绝的终南山,近处是一个炊烟袅袅的小村庄。杜甫在房前屋后种满了决明子和甘菊,因为这些是药材,收割了可以拿到集市上去卖掉,用来补贴家用。杜甫的家跟其他人的家没什么两样:一个小小的院落,中间一座茅草屋。杜甫在这里过的生活也跟其他人没什么两样:日出而作,日落而息,粗茶淡饭。因此,他先后自称为"少陵野老""杜陵野客"或"杜陵布衣"。唯一不同的是,杜甫在这简陋的屋子里创作出了许多流传千古的名作。

春天,他从长安返家,路过曲江,看到唐玄宗、杨贵妃等皇亲国戚在游宴享乐:笙箫鼓乐声中,褐色的驼峰和鲜美的白鳞鱼摆上桌了。可因为不对味,一众妃子们捏着象牙筷子久久不动,看样子御厨们快刀细切又空忙了一场。不一会儿，御厨们络绎不绝送来山珍海味。宦官们骑马飞驰不敢扬起灰尘，可其中一个骑马的官人（杨贵妃的家人）非常骄横，车前下马直接从绣毯上走进帐门。

见此情景，杜甫一回到家立即动笔写出了《丽人行》，讽刺杨家兄妹骄纵荒淫的生活，反映君王的昏庸和时政的腐败。

754年，他的妻子和孩子才来到长安。因为要养活一家子人，杜甫的负担更加重了。再加上几年来水旱交替，粮食歉收，即使他有微薄的田地，也无济于事。这年秋天不停地下雨，延续了六十多天。谷穗生了芽，黍穗霉烂变黑，农民的灾情却传不到朝廷。灾荒导致物价上涨，人民生活苦不堪言。城中一斗米就可换得一床被褥，只要双方认可，也不计较二者价值是否相同。

杜甫在这让人绝望的境况中，看着雨天也出不了门，干脆将门关起来，任由孩子们在雨中游戏。院子里的花都烂掉了，杜甫从没觉得自己如此缺钱。

在贫困和饥寒交迫下，杜甫觉得唯一可行的办法是迁出长安，找一个灾情还未波及或者轻点的地方，度过眼下的困境。于是将一家老小送往奉先（今陕西蒲城）亲戚杨县令家（妻子家同族）寄居。至此，他们一家在长安居住还不满一年。

到了奉先后,杜甫安顿好家眷,心情暂时从沮丧中解脱出来。在这里,杜甫不仅享受到来自亲戚的温暖以及热情好客的县内诸官的欢迎,还去了当地一些著名的风景区,他的心情也变得开朗起来。虽然生活还是那么艰辛,但这时期杜甫的诗充满了自信与积极向上的气象。他坚信,生活的坎坷只是暂时的。

754年,带着梦幻一般的希望,杜甫只身回到了长安,又开始了他的投诗干谒的旅程。他先后投给了当时的太常寺卿张垍(《奉赠太常张卿二十韵》)和左丞相韦见素(《上韦左相二十韵》)。

755年10月,他的干谒终于有了结果,朝廷授予他河西县尉官职。早在长安与高适重逢的时候,杜甫就为他脱身县尉,再也用不着去剥削、压迫人民而庆幸。尽管自己生活贫困到揭不开锅,也不愿去重蹈高适的覆辙,去过那种逢迎官长、鞭打百姓的生活,于是果断拒绝了。

唐代有个规定,允许任职者拒绝一项任命。既然杜甫不愿意接受,于是,就改授右卫率府胄曹参军,那是一个负责看守府内兵甲器仗,管理门禁锁钥的小官。这个官职,对于杜甫这样胸怀大志并具有旷世诗才的人来说,简直就是讽刺。可杜甫快四十四岁了，迫于生计，也只能接受。他在诗《官定后戏赠》中无奈地嘲弄道：

不作河西尉，凄凉为折腰。
老夫怕趋走，率府且逍遥。
耽酒须微禄，狂歌托圣朝。
故山归兴尽，回首向风飙。

我不做那河西县尉，不愿过那奉迎官长的悲惨凄凉的小人生活。再说我也很害怕那趋奉奔走的礼节，就权当在率府落得个清闲自在吧。喜欢饮酒还得有微薄的俸禄，喜欢狂吟放歌就要端赖朝廷的圣明宽大。原来想回家乡的兴致已尽，回过头来面对那暴风，唯有叹息而已。

尽管理想与现实相距甚远，杜甫总算熬出头了。虽然不尽如人意，但目前别无选择，只能先试试看。

乱时流亡记

　　入职后，杜甫决定回奉先一趟，看望妻子和孩子。走在寒风萧瑟、百草凋零的路上，杜甫想到自己九年以来的投诗献赋才得来这么一个结果，想起自己内心的无数次冲突，心里五味杂陈。他本来可以像李白那样潇洒自在，可是他关心人民，他希望有一个爱护人民的好皇帝，所以他舍不得离开长安。可他所期望的皇帝呢？此时正在骊山的华清宫里避寒，那里依然歌舞升平，他们毫无顾忌地享用着从民间搜刮来的财物，杨贵妃和她的姐妹们饮食的丰美，与杜甫在长安街头看到的饿殍，形成了多么鲜明的对比啊！想到这些，杜甫心头突然涌出诗句：

　　　　朱门酒肉臭，路有冻死骨。
　　　　　　　　——《自京赴奉先县咏怀五百字》

　　富贵人家酒肉多得吃不完而腐烂，穷人们却在街头因挨饿受冻而死。

后来，这诗句成了千古名句，这首诗也成了一篇划时代的杰作，里面反映出安史之乱前社会的情况，以及杜甫长安十年的生活总结，这首诗在思想上的进步和艺术上的纯熟超越了同时代的诗人。

然而不知道的是，此时安禄山已经在范阳起兵了，唐代社会从此结束了它的太平盛世。等杜甫到达奉先住所的时候，一进门就听到痛苦的哭声，原来他的小儿子饿死了，杜甫悲痛万分。他想，自己还享有许多特权，不用服兵役，不用纳租税，都落得如此田地，那些境况不如他的人民所承受的痛苦不知道有多少倍。想到这些，他的忧愁已经遍布天下了。他将自己这段路程的所见、所闻和所感写成了《自京赴奉先县咏怀五百字》。

杜甫在率府里工作没多久就辞职离开长安，回到奉先。756年正月，安禄山打到洛阳后自称大燕皇帝。5月，杜甫带着家人到了白水，寄住在他的舅父家中。他以为哥舒翰可以守住潼关，结果这次大败，白水沦陷，杜甫开始了他的逃亡生活。这次逃亡，非常仓促，杜甫由于过度疲劳，陷在蓬蒿里无法前进，还是他的重表侄在极危急的时刻，将马借给杜甫，冒险为他开道，他才得以脱险。

第六章 官场沉浮

后来他与妻子会合，夜半经过白水东北六十里的彭衙古城，女儿饿得直哭，儿子只得采摘路旁的苦李子充饥。紧接着又是连绵不断的雷雨天气，路上到处泥泞一片，他们没有雨具，野果成了他们的食粮。白天他们艰难跋涉，晚上就住在大树下。一连走了好几天，终于走到友人孙宰家。友人一见他们前来，赶快把他们迎进去，接着，又把妻子儿女叫出来，烧热水给他们洗脚。还按当时的风俗，剪纸招魂为全家压惊。因为疲劳，孩子们都睡了，主人准备好了丰盛的晚餐，又把他们叫起来吃饭。

这段经历让杜甫永生难忘，后来他把当时的情景写进诗歌《彭衙行》里。诗人发挥了他写实的天才，将诗中人物的一举一动所透露的热情，写得栩栩如生。

他在这里休息了几天，暂时把家安在羌村。可是由于长期下雨，这里山洪暴发。远方是兵灾，这里又是洪灾。杜甫听到的，是此起彼伏的哭声，他的心如刀绞。他知道，这里不是久居之地。可战乱之下，哪里又能安身呢？看着日益严峻的局势，他深感不能坐以待毙，得另谋出路。

此时，玄宗带着他的大臣和贵妃逃往西蜀，李亨（肃宗）在灵武即位。杜甫听到这个消息，即刻把希望寄托在肃宗身上，于是立即动身去灵武。哪想到，他刚一起程，就被胡人捉住，送到已经沦陷的长安。可能因为他当时没什么地位，胡人没把这个满头白发、未老先衰的诗人看在眼里，所以也没特别为难他。

不过两三月，长安已经满目疮痍，胡人把皇宫里多年来从民间搜刮来的奇珍异宝运往范阳。杜甫的旧友都散了，有的跟着玄宗到了西蜀，有的被掳到洛阳，有的投降了。长安的人民，每天都过着水深火热的恐怖生活。后来，肃宗派房琯收复两京，可他因为自负，结果惨败，从十几个郡征来的四万名良家子弟，一日之内全部战死，鲜血染红了陈陶水泽。而野蛮的胡兵在长安街市上唱着人们听不懂的胡歌，饮酒狂欢。杜甫亲眼目睹此惨状，写下了著名的《悲陈陶》一诗。

后来人们都说这诗有一种悲壮的美，它能给人以力量，鼓舞大家为讨平叛乱而继续斗争。

杜甫在胡人中间，密切关注着局势的发展。胡人到处烧杀抢掠，除了为国家担忧外，杜甫还非常怀念自己的亲人和孩子，不知道他们是否安好。在这种心境下，他写成了那首人人熟悉的《春望》：

第六章　官场沉浮

> 国破山河在，城春草木深。
> 感时花溅泪，恨别鸟惊心。
> 烽火连三月，家书抵万金。
> 白头搔更短，浑欲不胜簪。

国都沦陷了，只有山河依旧，春日的皇城里荒草丛生。忧心伤感时见到花开，眼泪却止不住流下来。离开了家人，连鸟鸣都让我惊慌不安。战火硝烟三个月了，都不曾停息，家人报平安的书信能抵得上万两黄金。愁闷心烦时，我只能搔首而已，以至于白发稀疏，连簪都插不上了。

流亡中的杜甫，他忧国忧民思想达到一个新的高度。比起国家和人民来，他将个人的苦难暂时忘记了。在目睹国破家亡后，他用自己手中的笔，记录着那段悲壮的历史。

哄皇帝咋就这么难

757年正月，安禄山被他儿子杀死，肃宗从彭原迁往凤翔。杜甫正打算逃往凤翔时，郑虔从洛阳回来了，两人短暂相聚。后来在郑虔侄子的帮助下，杜甫在怀远坊的大云经寺里住了几天，冒着随时被胡人捉回去的危险逃往凤翔。一路上杜甫心惊胆战，总算到达了目的地。他写了这首《喜达行在所三首·其二》：

> 愁思胡笳夕，凄凉汉苑春。
> 生还今日事，间道暂时人。
> 司隶章初睹，南阳气已新。
> 喜心翻倒极，呜咽泪沾巾。

黄昏时愁思不已，耳边传来胡笳的悲音，失陷了的京都春天已经满目凄凉。能活着回来只是今天才敢想的事，从小路逃亡随时都可能一命归西。今天刚刚看到严明的章

第六章　官场沉浮

法制度，这里气象已新，就像光武中兴一样。我喜极而泣，呜呜咽咽，泪水沾湿了佩巾。

杜甫到达凤翔的时候，衣衫褴褛，脚上穿着一双破破烂烂的麻鞋，就这样去见了肃宗。肃宗很是感动，在五月十六日派中书侍郎张镐传命杜甫，任他为左拾遗。这个官职"从八品上"，职务是供奉皇帝。也就是看见皇帝的命令有不妥当时，就提出意见，同时还有举荐贤良的责任。这是一个相当重要的职务，却由一个"从八品上"的官员担任，显然是作为一个点缀，并不需要真正做什么。但杜甫不明白肃宗的用意，一上任就认认真真地履行自己的职责。

房琯自从陈陶兵败后，本应论罪，由于李泌的营救，肃宗仍让他做宰相。他喜好宾客，杜甫跟他的关系很好。房琯很自负，惹得政敌常在肃宗面前说他的坏话。后肃宗将他贬为太子少师。杜甫没看到他的缺点，相反却认为是别人中伤他，于是不顾生死，援救房琯。因为措词太强烈，肃宗大怒，差点酿成杀身大祸。虽然在劝谏上受了挫折，但杜甫还是没有忘记举荐贤能的职责。在这期间，杜甫写了许多送别诗。每次送别时，他都提醒官员们不要忘记肩负的责任。

尽管杜甫工作一丝不苟，但在肃宗看来，杜甫不会变通，不是一个讨喜的人物，于是在八月命他离开凤翔，回家探视妻子。

由于生活艰难，杜甫只好徒步回家。后来，实在走不动了，就找将军李嗣业借了一匹马。一路上，遇到的不是伤兵，就是难民。快到家时，更是一片凄凉的景象：树上乌鸦在哀号，废墟里老鼠在乱窜，月光下的战场上，依稀可见一具具白骨。

回到茅屋，杜甫看到经过一年的失散流离，妻儿的衣裳成了用零头布缝补而成的百结衣，他伤心得在松林里放声痛哭。平时所娇养的儿子，脸色比雪还要苍白，身上满是污垢，打着赤脚没穿袜子。因为许久未见，儿子看见杜甫就转过身去啼哭。见此情景，杜甫心痛极了。

后来，他将走入家门的景象写在三首名为《羌村》的诗里。他还将自己这一路走来的见闻，写成堪与《自京赴奉先县咏怀五百字》媲美的《北征》。在诗里，他站在前所未有的高度，表达自己对当时局势的看法。这个时期的诗歌，无一不体现着他深深的爱国情怀。当然，他卓越的写实技能也完美地体现在这些诗中。

在羌村，杜甫密切关注着战局。757年9月，广平王李俶率兵二十万，与叛军决战。杜甫喜出望外，相信一定

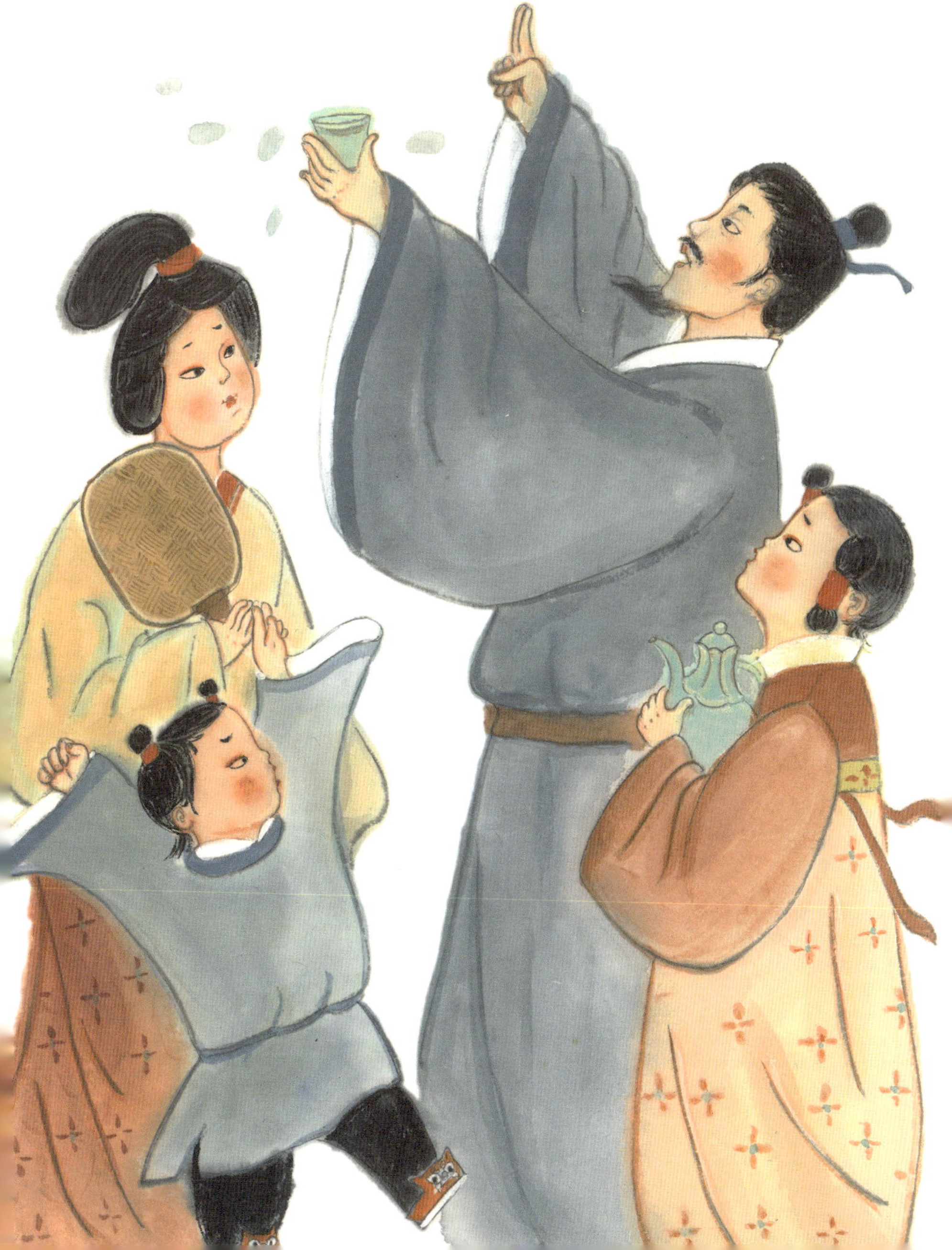

闻官军收河南河北

剑外忽传收蓟北,初闻涕泪满衣裳。
却看妻子愁何在,漫卷诗书喜欲狂。
白日放歌须纵酒,青春作伴好还乡。
即从巴峡穿巫峡,便下襄阳向洛阳。

第六章 官场沉浮

会取得胜利。没过几日，果然大捷，收复了长安。10月，又收复了洛阳。11月，杜甫携家眷重返长安，仍任左拾遗。

还未到京都的时候，他就听说郑虔被贬了。杜甫知道，郑虔此次被贬，他们将永无再见的可能。从那以后，杜甫、贾至、岑参、严武一起并肩出入，一起唱和，互相传诗，过着闲散的官吏生活。杜甫的视野被限制在了皇帝周围，他变得畏畏缩缩，就连在街上走路都怕遇到官长，遭到官长的训斥，自己都觉得这种生活可怜。

肃宗回到长安后，许多官员得到升迁。房琯也不例外，但他依然我行我素，常常称病告假，说话不假思索，有些言论还很放肆，这让肃宗很不满。再加上旁人的诽谤，房琯于6月里被贬为邠州刺史。这一贬，许多人都受到牵连，其中就有杜甫。758年6月，杜甫被贬到华州（今属陕西渭南）去做司功参军。

就这样，心怀天下的杜甫，被皇帝放弃了。不过，他也因此得到机会，扩大了他的诗歌国土。从此，他的诗从供奉皇帝走向了关怀人民。

一览众山的
杜甫

乱后写真图

　　杜甫到华州，正是七月的酷热天气。白天苍蝇乱飞，夜晚毒虫出没，案头文书一摞叠一摞，饭也吃不下，简直让人抓狂。司功参军就是一个管理祭祀、礼乐学校等文教工作的小官。虽然这样，杜甫还是兢兢业业地做好自己的分内工作。只是与以往不同的是，他在处理文件或问题时，首先考虑的是人民的负担。由于战乱，物价飞涨，大路上不是乞丐，就是饿殍；外族入侵，烧杀抢掠，无恶不作。这些都是杜甫离开长安才能看到的。这时候的肃宗跟玄宗一样，迷信神仙，向往长生不老。国家的灾难还没有消除，各地心怀叵测的官员们又开始粉饰太平。可农民们呢？他们急切盼望不要干旱，这样庄稼才有好收成，才能够缴纳日益繁重的苛捐杂税。妻子们则热切盼望丈夫早日得胜归来，他们再也不必担惊受怕。

　　杜甫看在眼里，急在心里，于是写出了《洗兵马》一诗。他在这首诗里指斥了朝廷的弊政，但又有必胜的信念，虽然个人不得志，但他内心充满阳光。

758年9月，李嗣业奉命与郭子仪等率领步兵、骑兵二十万讨伐安庆绪，赴任时路过华州。李嗣业是杜甫非常钦佩的将军，不仅因为他有借马之谊，他还骁勇善战，为官清廉，但凡受到赏赐，他都全部充作军费。那天，杜甫目睹大军过境，于是挥笔写下这样的诗句来记录当时的情景：

> 奇兵不在众，万马救中原。
> 谈笑无河北，心肝奉至尊。
> 孤云随杀气，飞鸟避辕门。
> 竟日留欢乐，城池未觉喧。
> ——《观安西兵过赴关中待命二首·其二》

用兵指挥灵活倒不要人多，有一万骑兵就能挽救中原。他们一边行军，一边谈笑，不把河北叛军放在眼里。他们赤胆忠心，一起向皇上奉献。孤飞的浮云跟随着杀气腾腾的士兵们行进，连空中飞鸟也吓得离开军营门前。他们停留下来，度过了欢乐的一天，城池里，人们也不觉得吵嚷喧闹。

一览众山的杜甫

在诗里,杜甫夸赞李嗣业将军的队伍军纪整肃,不扰百姓,效忠皇帝,对他们今后的战斗充满了信心。

759年春天,杜甫回到洛阳,看望战乱后的家乡。他发现故园的花鸟依旧,但是人烟已经断绝,因而显得格外荒芜。他在《得舍弟消息》里这样告诉他远在济州的弟弟:

乱后谁归得,他乡胜故乡。

直为心厄苦,久念与存亡。

汝书犹在壁,汝妾已辞房。

旧犬知愁恨,垂头傍我床。

乱后的家乡谁也不能归,在他乡比在故乡还好受一点。心里很苦,久久思念着,不知家乡是否还在。你的书信仍挂在墙上,而你的妾已离开了家。旧日的狗儿似乎也感受到了我的忧愁和痛苦,低着头蹲在我的床边。

杜甫用自然生动的语言,表达着自己对乱后故土物是人非、恍若隔世的愁绪。

此次回乡,他还遇到他青年时期的朋友卫八处士。那天夜晚,下起小雨,杜甫和卫八处士觥筹交错,各自说起

第六章　官场沉浮

自己的近况，说起家乡的变迁，说起那些已经阴阳两隔的伙伴，感慨万千。事情过去很久，杜甫还能回想起当时的情景：

卫八处士的儿女们热情地问他从什么地方来，简短的寒暄问候还没有进行完，卫八处士就吩咐儿女们排摆筵席了。于是，孩子们连夜冒雨割来肥嫩的韭菜，做上喷香的夹杂着黄米的白米饭招待他。那天晚上，卫八处士说他们难得有机会在此见面，端起酒杯就跟杜甫接连喝了十杯。

随后，杜甫用净洁的语言，写了一首题为《赠卫八处士》的诗歌。在诗里，他将这一朴实而生动、亲切又不失活泼的老友相聚场面写得活灵活现。

759年2月，杜甫离开洛阳，返回华州的时候，华州也是一片混乱。他经过新安、石壕（今河南三门峡市陕州区东南）、潼关，看到唐军到处拉壮丁补充兵力，把百姓折腾得没法过活。他所接触的都是些老翁老妪、征夫怨妇，他们在官吏残酷的驱使下承受着无处申诉的痛苦。

有一天，杜甫经过石壕村，时间已经很晚了，他到一家穷苦人家去借宿，接待他的是老农夫妻俩。半夜里，他正翻来覆去睡不着的时候，忽然听到一阵急促的敲门声。隔壁老人一听，马上翻过后墙逃走了。屋里的老婆婆一面答应，一面去开门。

进屋的是官府派来抓壮丁的差役，他们厉声吆喝着，问老婆婆："你家男人到哪里去了？"

老婆婆带着哭声说："我的三个孩子都上邺城打仗去了，前两天刚接着一个儿子来信，说两个兄弟都已经死在战场上。家里只有一个儿媳和吃奶的孙儿，你还要什么人？"

老婆婆苦苦哀求，可是差役们还是不肯罢休。老婆婆没有法子，最后只好说："那你们把我带走吧，我可以去军营帮忙做饭，打杂。"

差役就把老婆婆带走了。天亮后，杜甫离开时，送别的就只有老农一个人了。

杜甫亲眼看到这种凄惨情景，心里很不平静，写成了一首一再被后人传诵的诗——《石壕吏》，这首诗虽然只是客观叙述，但充分表达了诗人所感受到的人民最深的痛苦。

他在华州的时候，前后一共写过六首这样的诗，合起来叫作"三吏三别"（《石壕吏》《潼关吏》《新安吏》《新婚别》《垂老别》《无家别》）。由于杜甫的诗歌大多是写安史之乱中人民的苦难，反映了唐王朝从兴盛到衰落的过程，所以，人们把他的诗篇称作"诗史"。

第六章 官场沉浮

盼望复兴情切切

759年夏天，华州久旱不雨，田地荒芜，造成严重的灾荒。杜甫亲眼看到地方的官吏如何对待人民，这离他所希望的情形太远了。他曾经对政治有多热望，现在就有多失望，于是毅然放弃了华州司功参军这个职位。

正逢战乱，杜甫既不能回洛阳老家，又没有钱居住在生活昂贵的长安。思考再三，他最终决定去秦州，因为重侄杜佐在秦州盖了几间草堂，僧人兼好友赞公也在那里开辟了几间窑洞，他们去那里可以暂时居住一段时间。

秦州是陇右道东部一个重要城市，在六盘山支脉陇山的西边。陇山山路九转，据说这山要用七天的时间才能越过。杜甫在翻越这座山时，看到满眼饥荒令人悲伤，想到自己不得不依附亲人远离家乡。一路上担惊受怕，冒着随时可能失去生命的危险长途跋涉，也不知道自己能否顺利到达目的地，内心无比酸楚。月光下，鱼龙川河水浅浅地流着，秋天的鸟鼠山死一般的寂静。他一路走一路打听秦

一览众山的杜甫

州有无战事,生怕所到之处又无法停留。此时,杜甫内心伤痛到了极点。他想:什么时候天下能太平,人民能过上幸福安乐的日子啊!

秦州自古以来,每逢战事发生,就成为兵家必争之地。由于历史原因,这里和近邻吐蕃时而和好,时而战争。如今,吐蕃趁乱一边求和,一边又打仗蚕食土地,几年工夫,就将西北州县收入囊中。因此,杜甫来到这里,时而听到战争的鼓角声,时而听到羌笛声,时而听到胡笳声。看到的,是投降士兵的帐篷,胡人乘着酒兴跳舞,羌族妇女的喜笑颜开以及胡人孩子的嬉戏打闹。他今天在东楼上望见出使吐蕃的大使,明天又看见送人行军,去抵抗吐蕃。

初到秦州,杜甫发现这里还比较平静,因而逃难到此的人也多。不管怎么样,在重侄和友人的帮助下,杜甫暂时安顿了下来,开始耕田种地。这天,他在田地里除架,想到自己的理想和眼前的现实,思绪万千,于是写下了这首《除架》:

束薪已零落,瓠(hù)叶转萧疏。

幸结白花了,宁辞青蔓除。

第六章 官场沉浮

> 秋虫声不去,暮雀意何如。
> 寒事今牢落,人生亦有初。

架子上的瓠叶已渐渐零落,一派萧疏,到了该除架的时候了。幸运的是,瓠花该开的时候开花了,该结瓜的时候结瓜了,那么就没有什么遗憾和惋惜的了。秋虫声声凄切,萦绕耳畔,还不想离开。傍晚的云雀,你又要飞到哪里去呢?秋寒来了,万物今日开始稀疏零落,人生只要记得来时的初心,就能拥有一个不后悔的结局。

即使生活如此艰难,杜甫依然热爱生活,热爱理想。他坚信,只要自己坚守初心,最终会像瓠瓜一样开花结果。

在秦州,即使有友人的接济,杜甫的生活还是很艰难。除了种地,他又重新开始他在长安经历过的卖药生活,来维持他一家大小的衣食。可尽管这样,他依然很贫困。有一回,他发现自己口袋里只剩下一文钱了,却不忍花去,为的是留在眼前欣赏,于是,写下了这首《空囊》:

> 翠柏苦犹食,晨霞高可餐。

一览众山的杜甫

世人共卤莽，吾道属艰难。

不爨(cuàn)井晨冻，无衣床夜寒。

囊空恐羞涩，留得一钱看。

纵然翠柏味苦，也还可以当作饭餐。世人大多苟且偷生，我持节守道显得异常艰难。早晨开不了火，井水也冻了，夜来无衣难以御寒。太贫穷了怕人笑话，袋中还是应该留下一文钱。

在饥寒中，他身体受损，疟疾又发作了，每隔一日，便发高热，这对于他来说，简直是雪上加霜。

虽然他穷困到这种地步，但他的诗却源源不断地创作出来。杜甫的五言诗，无论是抒情、议论、叙事还是写景，都得心应手、炉火纯青，将边疆的危机、山川的形势、城郭村落、风土人情都写入他雄浑又健壮的诗句中。在秦州四个多月时间，杜甫写了一百二十多首诗。

虽然在逃难中，但杜甫仍不忘关心国事。这年9月，尽管唐军联合回纥[5]，仍然不敌叛军，史思明攻陷洛阳。此时的回纥不但不能帮助唐军，还留驻在沙苑（今陕西大荔南）勒索给养，使朝廷难于应付，杜甫因此写了《留花门》一诗。在诗中，对唐肃宗一味依赖回纥表示了极大的

第六章 官场沉浮

愤慨和忧虑。

杜甫在秦州觅居未成,衣食不能自给。正在走投无路时,他听说同谷县附近粟亭的良田里出产红薯,可以充饥,山崖里有蜂蜜,竹林里有竹笋,于是举家去同谷。

去同谷的路依然十分艰险。泥泞不堪的泥功山,白马也会变成黑马,小孩也会变成老人。不但人如此,就连猴子和鹿也不免会陷溺在泥中。黄昏时分,他时常听到孩子哭着喊饿;蹚过冰冷的河水,就连马骨都能冻得快要折断。走在这样的路上,杜甫百感交集:在这个乱世,自己的理想之路越来越遥远,前途变得更加渺茫。不过,自己追求真理的决心永不动摇,就像悠悠的河水一样连绵不断。他好怀念曾经富庶的盛唐时代,人们不用过这种缺衣少食、担惊受怕、颠沛流离的生活。此时的杜甫,盼望复兴的愿望从未如此强烈。

注释

[1] 汝阳王:李琎(jīn),字嗣恭,小名华奴,陇西成纪(今甘肃秦安)人。唐朝宗室大臣,唐睿宗李旦嫡长孙,让皇帝李宪长子,"饮中八仙"之一。擅长弓箭及羯鼓,深得唐玄宗喜爱,册封汝阳郡王。

［2］韦济：唐代诗人，少以辞翰闻名，与大诗人杜甫、高适有交往，非常欣赏杜甫。韦济为政有显著成就，颇受当时赞誉。他的诗作雍容典雅，曾创作《先德诗》，颂父祖功德，杜甫称其"词场继国风"。官至尚书左丞。

［3］岑参：唐代诗人。天宝进士，曾随高仙芝到安西、武威，后又入封常清北庭幕府。安史之乱后入朝任右补阙，官至嘉州刺史。其诗与高适齐名，并称"高岑"，长于七言歌行。其边塞诗善于描绘异域风光和战争景象。

［4］郑虔：唐代画家。天宝间官广文馆博士。爱弹琴，与李白、杜甫为诗酒朋友，擅书画，当时有"郑虔（诗、书、画）三绝"之誉。安禄山陷长安，曾授伪职。

［5］回纥：古代民族名。为袁纥后裔，初受突厥统辖，唐天宝三载（744）灭突厥后建立可汗政权，贞元四年（788）改称回鹘。开成五年（840）被黠戛斯所灭，余众分三支西迁，其中的河西回鹘，后改称畏吾儿（即今维吾尔）。

第六章 官场沉浮

诗词延伸

因许八奉寄江宁旻上人

不见旻公三十年，封书寄与泪潺湲。
旧来好事今能否，老去新诗谁与传。
棋局动随寻涧竹，袈裟忆上泛湖船。
闻君话我为官在，头白昏昏只醉眠。

诗意

我与旻公离别已将近三十年，寄信给对方泪流满面。从前我们一起相共过的乐事您仍旧能做吗？老来写成的新诗有谁在为您传抄呢？曾经我带着棋局找到您隐居的深幽的竹林间，与您对弈。曾经您身着袈裟踏上我的小舟，我们一起泛舟湖上。听说您听许八说我在做官。跟您说吧，我现在满头白发，整天昏昏沉沉总是醉眠。

诗说

这是一首特别动人的诗。

一个二十出头的年轻人,和一个僧人交上了朋友,即使过了快三十年,一想起旻上人,诗人竟然泪流满面。杜甫很想再和他一起做"好事":作诗,下棋,寻竹,泛湖。

首联直接点诗题,引出下联对友人的回忆。颔联两句设问,诗人将现在与三十年前时光相连,饱含了几许思念,几许牵挂。颈联写对记忆中的旻公深情回忆交往细节。尾联诗人自叙现状,平白如话。

整首诗通过对过去美好时光的追忆,以及对未来无常命运的感慨,展现了诗人深邃的情感世界和复杂的人生体验。

第七章 蜀中岁月

（759—765）

一天夜里，狂风大作，紧接着暴雨倾盆，草堂前那棵高大的楠树，突然被连根拔起，倒在草堂旁边。还有一次，狂风怒号，将屋顶上的茅草卷走，有的挂在树梢，有的沉入水塘。紧接着又下了一夜雨，茅草屋里没有一块干的地方可以落脚的。

草堂的日常

穿过百兽围困的石龛，越过泥足深陷的泥功山，杜甫一家历经千辛万苦，终于到达了同谷。同谷山风景很美，可是对于杜甫来说，却像牢笼一般。没有吃的，他只得终日拾橡栗充饥。有时候到山里挖黄精，可是雪太大了，只好空着手回来，儿女饿得直哭。在同谷，杜甫住了不到一个月，饥寒交迫的他便再也住不下去了，于是于759年12月1日，动身去了相对安定的西蜀——成都。因为成都物产丰富，可以解决缺吃的问题；气候温暖，可以解决少穿的问题。

岁末，他们一家来到成都，住在西郊外浣花溪寺里，寺里的僧人复空成了他临时的主人。他在庙里没住多久，就在城西七里的浣花溪畔找到一块荒地，先开辟了一亩大小的地方，在一棵年龄有两百多岁的高大的楠树下，建了一座并不十分坚固的茅屋草堂。他建造这座茅屋草堂，非常不易，全靠亲人和朋友的帮助。表弟王十五不辞辛苦给

舍風翠聲孤煙細
昔日月楓薰木稠

涪城县香积寺官阁

寺下春江深不流，山腰官阁迥添愁。
含风翠壁孤云细，背日丹枫万木稠。
小院回廊春寂寂，浴凫飞鹭晚悠悠。
诸天合在藤萝外，昏黑应须到上头。

第七章 蜀中岁月

他送来建筑所需花费。他一边建造草堂,一边写诗向各处觅求树秧:向萧实求桃树秧,向韦续索取绵竹,向何邕求桤树秧,向徐卿要果木秧,还向韦班要松树秧。

经过两三个月的经营,草堂终于在暮春时节落成了。此时的中原还没恢复,关内闹着严重的灾荒,一切都在混乱中,杜甫却结束了他十年长安、四年颠沛流离的生活,终于在这里得到一个栖身之所。他亲身经历了许多年的饥寒,如今暂得休息,自然界的一切生物,都引起他的羡慕。这时期,他写了许多歌咏自然的诗。

一场春雨下来,花开蓉城,杜甫写下这首著名的《春夜喜雨》:

> 好雨知时节,当春乃发生。
> 随风潜入夜,润物细无声。
> 野径云俱黑,江船火独明。
> 晓看红湿处,花重锦官城。

好雨像是知道时节,春天一到就来了。它伴着风在夜间悄悄地下,滋润万物轻细无声。田野小路上笼罩着黑云,只有江上渔船灯火独明。清晨遥望,那湿湿的红花点缀着美丽的锦官城。

春天的到来，给草堂增添了无限生机，也给杜甫带来了好心情。他来到黄师塔下，看到塔前的桃花无比娇艳，又这样写道：

> 黄师塔前江水东，
> 春光懒困倚微风。
> 桃花一簇开无主，
> 可爱深红爱浅红？
>
> ——《江畔独步寻花·其五》

黄师塔前那一江的春水滚滚向东流，春天给人一种困倦得让人想倚着春风小憩的感觉。江畔盛开的那一簇无主的桃花映入眼帘，究竟是爱深红的还是更爱浅红的呢？

随后，他又去浣花溪畔踏青，走过黄四娘家门外开满鲜花的小路：

> 黄四娘家花满蹊，千朵万朵压枝低。
> 留连戏蝶时时舞，自在娇莺恰恰啼。
>
> ——《江畔独步寻花·其六》

第七章 蜀中岁月

黄四娘家花儿茂盛得快把小路覆盖了,无数朵花儿压弯了枝条。眷恋芬芳花间的彩蝶正在不停地飞舞,自由自在的黄莺在欢快地啼叫。

杜甫越走越欣喜,诗歌一首接一首,这样的绝句一口气写了七首,名为《江畔独步寻花七绝句》。

杜甫一边劳作,一边写诗,这是一种非常惬意的田园生活。经历过战乱之苦,他是不是就陶醉在这美丽的自然风光里,忘却了人民的痛苦与国家的灾难了呢?没有!

一天夜里,狂风大作,紧接着暴雨倾盆。草堂前那棵高大的楠树,突然被连根拔起,倒在草堂旁边。还有一次,狂风怒号,将屋顶上的茅草卷走,有的挂在树梢,有的沉入水塘。紧接着又下了一夜雨,茅草屋里没有一块干的地方可以落脚的。杜甫看到眼前的情景,想到和他一样流离失所的人们,写出了著名的《茅屋为秋风所破歌》。在诗中,他这样写道:

自经丧乱少睡眠,长夜沾湿何由彻!

安得广厦千万间,大庇天下寒士俱欢颜,风雨不动安如山。

一览众山的杜甫

自从安史之乱之后,我睡眠的时间很少,长夜漫漫,屋漏床湿,怎能挨到天亮。

如何能得到千万间宽敞高大的房子,普遍地庇护天下贫寒的读书人,让他们开颜欢笑,房子在风雨中也不为所动,安稳得像山一样。

在诗中,他还这样写道:

呜呼!何时眼前突兀见此屋,吾庐独破受冻死亦足!

唉!什么时候眼前出现这样高耸的房屋,到那时即使我的茅屋被秋风所吹破,我自己受冻而死也心甘情愿!

这首诗写出了他心底最深的渴望,这渴望正是他忧国忧民崇高思想境界最真实的写照。

两年工夫,杜甫在浣花溪旁建起疏疏落落的房舍,虽然简朴,但也初具规模。杜甫写了许多诗,写他的闲散生活。在这里,杜甫离开了原来的圈子,认识了一些新朋友。虽然来往的都是些落魄的文人和不知名的乡村野老,但他们真实、质朴,给了思乡忆弟、愤懑多病的杜甫许多安慰。

流亡生活何时了

在成都,虽然生活有所改善,但草堂收获的农作物依然无法满足一家人的生活。孩子们饿得面色苍白,哭闹着找他要饭吃。杜甫初到成都时,仰仗故人分赠的禄米勉强生活。他也曾为唐兴县令王潜作文,得到了王潜的周济。迫于生计,杜甫不得不跟一些权贵周旋,花敬定就是其中一个。761年5月,成都尹崔光远率牙将花敬定将自称梁王的段子璋斩首。花敬定觉得自己立了大功,于是在东川任意抢掠,乱杀数千人。他每逢宴会,常常不遵守当时的制度,滥用朝廷的礼乐。当杜甫再次从他的宴会上听到礼乐时,便写了这首《赠花卿》送给他:

　　锦城丝管日纷纷,半入江风半入云。
　　此曲只应天上有,人间能得几回闻?

锦官城里的音乐声轻柔悠扬,一半随着江风飘远,一

一览众山的杜甫

半飘入了云端。这样的乐曲只应该天上有，人间哪能听见几回？

他用这样的方式称赞礼乐之美妙，同时也以此讽喻花敬定此举的不妥。

崔光远不能制止花敬定的暴行，被肃宗降罪，忧愤交加，于761年10月病死。761年12月，朝廷派严武为成都尹，兼剑南两川节度使。在严武到达成都时，高适代理了一两个月。这期间，高适曾数次带着酒到草堂来访。严武常常带着小队人马，来到浣花溪边拜访杜甫，有时还亲携美酒、厨子和食材，在草堂欢聚。这两人，一个是梁宋游时的旧友，一个是房琯的朋友，跟杜甫也很要好，所以他们是草堂最受欢迎的客人。也只有他们的资助，杜甫在接受时才不觉得辛酸，因为他知道，那是出于友情。可惜好景不长，次年4月，玄宗和肃宗相继去世，代宗即位，严武被召入朝。

杜甫在绵州送走严武后，起了回长安的念头。没想到，严武刚走，少尹兼侍御史徐知道便在成都叛变了。他趁严武不在，成都空虚，派兵往北断绝剑阁的道路，堵塞援军，又趁机往西攻取邛(qióng)州（今四川邛崃），联络西南的外族。在此期间，他的部下李忠厚等拥兵自立，百姓就

第七章　蜀中岁月

成了各种势力头目们宰割的鱼肉。这群小头目竞相作威作福，他们一边残害百姓，一边寻欢作乐，竟在谈笑间滥杀无辜，长街上溅满了平民百姓的鲜血。虽然他们很快便被高适击溃，徐知道随后又被李忠厚杀死，但成都受了很大的惊扰，混乱程度不亚于安史之乱。

在这个乱世，为了维持眼前的生活，杜甫只好到东川节度使的所在地梓州（今四川三台）去。当时的四川由于文官安于享乐，武官专横跋扈，人民的负担一天比一天重，因此到处都有小规模的农民起义，同时统治阶级内部也互相争夺杀戮，因而民不聊生。杜甫独自一人在东川的山中行走，战战兢兢往西看去，落日照在悬崖绝壁上，群山呈现一片赤红色。树枝上的鸟儿乱叫一气，让人毛骨悚然。突然，马儿受到惊吓，狂奔起来。杜甫并不担心跌入深谷，但是害怕草丛中有人用长弓射击。此时，他多么怀念河清海晏的开元时代啊！

在此期间，杜甫写成的《光禄坂行》《苦战行》《去秋行》等诗，把这些史书上不曾记载的事件反映在诗中。

761年，史朝义杀死了父亲史思明，代宗长子李适借助回纥的势力收复了洛阳。回纥人进入洛阳后，和唐军一起烧杀抢掠，比757年更甚，人民穷困潦倒，只能穿着纸做的衣服。763年，史朝义缢死，涂炭生灵的安史之乱结束。杜甫得知消息后，欣喜若狂，挥笔写下那首著名的《闻官军收河南河北》：

> 剑外忽传收蓟北，初闻涕泪满衣裳。
> 却看妻子愁何在，漫卷诗书喜欲狂。
> 白日放歌须纵酒，青春作伴好还乡。
> 即从巴峡穿巫峡，便下襄阳向洛阳。

剑门关外忽然传来收复蓟北的消息，初听此事分外欢喜，泪洒衣裳。回头看妻子的愁云顿时消散，随便收拾起诗书欣喜若狂。日头照耀我痛饮美酒，放声高歌，明媚春光陪伴着我返回故乡。快快动身从巴峡穿过巫峡，走到了襄阳后又直奔洛阳。

然而，国内的混乱局面并没有因河南河北的收复而平息。相反，回纥、吐蕃、唐军的散兵游勇到处骚扰，人们流离失所，纷纷逃入山谷。

764年春，杜甫流亡到阆(làng)州，才听到收复长安的消息，写成排律《伤春五首》，这五首诗处处都在为国家的前途担忧。

第七章　蜀中岁月

762年到764年间,杜甫为了生计,奔走在梓州、绵州、射洪、阆州、汉州等地,为那些县令、使君写诗,采药治病,以获得经济上的资助,杜甫内心十分辛酸。还好,在此期间,他去拜访过陈子昂[1]、郭元振[2]、薛稷[3]三位卓越人物的遗迹,让他的精神获得慰藉,从而振奋起来。他也用真实的笔触写了许多山水诗,这些诗仿佛是一幅幅美妙绝伦的山水画,正如宋人林亦之所说的:"杜陵诗卷是图经。"他用诗的语言,绘制出一幅幅壮丽的山河图,表达着对祖国最深的爱。

杜甫穿行于这样的山水间,虽然深爱着它们,可是迫于饥寒,没有一个地方能让他久住。再加上蜀中混乱,他非常想念成都的草堂,也想念洛阳的田园。想到这些,不免长叹:流亡生活何时了?

一览众山的杜甫

幕府生活很无奈

764年春,杜甫打算东游回洛阳老家。正要起身时,严武又被任命为成都尹兼剑南节度使,并一再热情邀请杜甫。杜甫考虑再三,放弃了东游的打算,决定回到成都去。

离开草堂近两年,杜甫在心里想象着草堂的样子:门前的松柏长多高了?庭院现在怎样了?药田里的草药应该长得很茂盛了吧?可是他推开草堂门,看到的却是这样子:地上,老鼠"扑扑"乱窜;墙上挂的小鱼晾成了鱼干;药栏、水槛已经破烂不堪,有的地方只剩下几根烂木头……

草堂虽然破败成了这样,但杜甫受到了热情的接待:往日养的家犬看到他久别归来,热情地围绕在他身边,甚至钻入衣裾下,时不时扯咬他的衣角。邻居看到他回来了,立即带上酒葫芦,一定要请他喝几杯。大官严武看到他回来,立即差人骑马来问他缺少什么东西。附近的乡亲们知道他久别归来,纷纷前来看望、问候,很快便挤满了草堂。

第七章　蜀中岁月

经过近两年的沉寂,草堂又活跃起来,散发出勃勃生机。杜甫用轻快的语调写出一幅幅绝美的春光图:

> 迟日江山丽,
> 春风花草香。
> 泥融飞燕子,
> 沙暖睡鸳鸯。
> ——《绝句二首·其一》

沐浴着春光,江山显得多么秀丽,春风送来花草的芳香。燕子衔着湿泥忙筑巢,暖和的沙子上睡着成双成对的鸳鸯。

清晨,他从睡梦中醒来,来到窗边,看到远处的山峰和近处绿树,他怀着无比喜悦的心情,挥笔写下:

> 两个黄鹂鸣翠柳,
> 一行白鹭上青天。
> 窗含西岭千秋雪,
> 门泊东吴万里船。
> ——《绝句四首·其三》

一览众山的杜甫

两只黄鹂在翠绿的柳枝间鸣叫，一行白鹭飞向湛蓝的天空。西岭雪山的景色仿佛嵌在窗框里，往来东吴的航船就停泊在门旁。

他本来想和以前一样，耕田种地，在草堂里长住下去。可是没过多久，他平静的生活又被打乱了。

早在严武第一次在成都任节度使时，就曾邀请杜甫入幕府，但那时杜甫因仕途失败，有了真心归隐的想法，所以就拒绝了。可这次回来，他不好再拒绝，只能勉强接受，又成了整日处理文件的小官吏。

764年3月，杜甫正式进入严武幕府。严武上书，表奏杜甫为节度使参谋、检校工部员外郎，赐绯衣、鱼袋。杜甫由此被称为杜工部。杜甫初入幕府，帮助严武整顿军容，训练武士。7月，严武便率兵西征，9月便打败七万吐蕃军，并乘胜追击，扩地数百里，收复了沦陷的土地。将吐蕃赶走后，他们一起在北池眺望，在摩诃池泛舟，一起观赏《岷山沱江画图》，一起吟诗作赋。

可是没多久，杜甫就不适应幕府的生活了。因为幕府的生活是很严格的，每天天刚亮便入府办公，夜晚才能出来。杜甫因为家在城外，只能长期住在府中，生活没一点生气。对于一个才华横溢、天性喜欢自由的诗人来说，这样的生活太呆板了，简直让人无法忍受。再加上幕府人事很复杂，里面的文武官员彼此勾结，阿谀奉承，以保全自己的地位。这时的杜甫已经五十三岁，满头白发，还得在这里跟这些人周旋，因而内心十分忧郁。

枯燥的生活，加上同僚的攻击，杜甫的身体也渐渐难以支撑了。他早年就有肺病、疟疾，这时又得了风痹，稍微坐久一点，四肢就会麻木。寂静的半夜里，他常常望着满天的星斗，看到井畔梧桐在秋夜的风中抖动，听到长夜里号角声悲壮，想到长时间没有亲人的音讯，自己忍受了十年的飘零生活，把家安在这里不过勉强栖身，可现在连基本的自由都没有了，不禁悲从中来。

这种生活是无法忍受的，于是杜甫一再写诗给严武，请求解除他在幕府中的职务。第二年3月，严武终于答应了他的请求。

无奈的幕府生活结束了，正当杜甫回到草堂，准备修理房屋，长期住下去时，突然听到郑虔死于台州，苏源明饿死长安的消息，悲痛不已。765年正月，高适也在长安去世了。同年4月，严武突然暴病身亡。严武一死，杜甫在成都失去依靠，他不得不在5月里率家人离开草堂，乘舟东下,准备回洛阳老家。

注释

[1]陈子昂:初唐文学家。于诗标举汉魏风骨,强调兴寄,反对柔靡之风,是唐代诗歌革新的先驱,对唐诗发展颇有影响。《登幽州台歌》被誉为古典诗歌中的千古绝唱。

[2]郭元振:唐朝将领,历仕武则天、唐中宗、唐睿宗和唐玄宗四朝,任职期间,文韬武略,建树甚丰,尤其是在治边及民族关系处理上。工诗能文,所作《宝剑篇》(一作《古剑篇》),为初唐七古名作。其诗语意豪迈,也善乐府短歌。

[3]薛稷:唐书画家。与欧阳询、虞世南、褚遂良并称"唐初四大书家"。兼画人物、佛像、鸟兽、树石,画鹤尤为生动,时称一绝,李白、杜甫曾有诗赞美。

诗词延伸

莫相疑行

男儿生无所成头皓白,牙齿欲落真可惜。

忆献三赋蓬莱宫,自怪一日声烜赫。

集贤学士如堵墙,观我落笔中书堂。

往时文彩动人主,此日饥寒趋路旁。

晚将末契托年少,当面输心背面笑。

寄谢悠悠世上儿,不争好恶莫相疑。

诗意

生为七尺男儿却一生无所成就,我如今满头白发,牙齿将要脱落,实在可惜。回想当年我献三大礼赋于皇宫,为皇帝所赏识,一日之间便声名显赫,连自己都觉得奇怪。当时集贤院的学士们站立围观者众多,挤得像堵墙,争相观看我在中书堂下笔写应试文章。以往我以文彩惊动君王,而如今却因饥寒交迫不断奔走。晚年时把自己的真情托给年轻的同僚，而他们却当面推心置腹，背地里把我讥笑。告知你们这些世俗的小儿，不论交情亲密还是疏远，都不应相互疑忌。

诗说

这首诗作于唐永泰元年（765），当时杜甫辞去了严武幕职，居住在成都的草堂。此诗前六句追忆昔日献赋得到唐玄宗赏识的往事，后六句感慨眼下的日暮途穷及世态炎凉。诗人运用对比手法，将自己曾经受到皇帝赏识而声名显赫与如今同幕互相排挤相对比，衬托出当时官场的丑恶，同时表达了诗人对人世冷暖、世态炎凉的厌倦和憎恶。

通过这首诗，我们可以感受到杜甫晚年的心境，以及对于人生、社会和文学成就的独特思考。

無邊落木蕭蕭下
不盡長江滾滾來

登　高

风急天高猿啸哀，渚清沙白鸟飞回。

无边落木萧萧下，不尽长江滚滚来。

万里悲秋常作客，百年多病独登台。

艰难苦恨繁霜鬓，潦倒新停浊酒杯。

第八章 魂归故里
(765—770)

四月的一个夜里，潭州城里忽然火光冲天，潭州大乱。杜甫不得不带着妻子儿女驾上小船，来到他曾经到过的衡州。在衡州，他计划南下郴州，因为舅父崔伟在那里任录事参军。可他刚到达耒阳县境内，就遇见江水大涨，只好停泊在方田驿，五天都没得到食物。

一览众山的杜甫

我是一名自由的歌者

走在路上,杜甫想到自己在成都客居了五年时间,在这兵荒马乱的年代,交通阻塞,自己为什么要远去夔州作客呢?还不是生活所迫。回顾自己一路走来,还一事无成,往后余生也只能像江上白鸥一样四处漂泊,内心无比感伤,于是写下这首《旅夜书怀》:

> 细草微风岸,危樯独夜舟。
> 星垂平野阔,月涌大江流。
> 名岂文章著,官应老病休。
> 飘飘何所似,天地一沙鸥。

微风吹拂着岸边的细草,高耸桅杆的小舟停在江边。星星垂向广袤空旷的平野,明月照射着奔流的大江。我难道是因为文章而著名吗?年老多病也应该休官了。漂泊的我像什么呢?就如同天地间孤飞的沙鸥。

第八章 魂归故里

765年9月里，杜甫一家到达夔州（今重庆奉节）以西的云安（今重庆云阳）。因为肺病和风痹的影响，他无法继续前行，只好停下来，住在县令严某的水阁里。

而此时的蜀州已经大乱，严武死后，郭英乂(yì)继任。他生性残暴，被严武的旧部崔旰推翻。崔旰又被其他几州的牙将联合起来讨伐。同年，关内和陇右外族入侵不断，难民一批批逃入蜀中，而屯住在汉水上的官兵和侵入的外族也是同等的残暴。此时的蜀中，吴盐运不进来，蜀麻也输不出去。杜甫听到这消息，写成《绝句三首》。他用寥寥数语，将蜀中的紊乱，人民流亡的情形以及官兵的残暴清晰地展现在世人面前。

此时的他，远离朝堂，成了一名自由的歌者。用他特有的方式记录着国家的灾难，人民的苦痛。

一段时间后，杜甫的病渐渐好起来，于是离开云安，来到夔州。夔州都督柏茂琳给了他许多帮助。有了他的帮助，杜甫租得一些公田耕种。柏茂琳还赠给他四十亩柑林。他们一家的生活渐渐好了起来，勉强能自给自足。

一天早上，杜甫被鸡叫声唤醒，起来一看，原来是家中的小仆人正在捆鸡，要拿到集市上去卖。而鸡被捆得着急，边叫边挣扎，似乎在提出抗议。杜甫思绪万千，一首颇富哲理的《缚鸡行》便诞生了：

> 小奴缚鸡向市卖，鸡被缚急相喧争。
> 家中厌鸡食虫蚁，不知鸡卖还遭烹。
> 虫鸡于人何厚薄，我斥奴人解其缚。
> 鸡虫得失无了时，注目寒江倚山阁。

家中的小仆人用绳子把鸡绑缚好，正准备上集市去卖掉，而鸡被捆绑急了，在那里边喧叫边挣扎个不停，似乎在强烈抗议。家里人厌恶这鸡啄食虫蚁，有伤生灵，所以要卖掉它，可是他们就没想想，这鸡卖出去同样也是难逃被人宰烹的厄运。只知道对昆虫施以厚恩，却对鸡如此刻薄，何必要厚此薄彼呢？我责备小仆人赶快解开捆绑鸡的绳子。可是转念一想，给鸡松绑了，那么虫蚁又要遭受被吃掉的灾难了。唉！这鸡与虫的得失，还真是无法了结。我只好倚靠着楼阁，注视着寒冷的江波，一时间思潮难平。

诗人对鸡虫命运的怜惜，恰似他对国家的忠爱，对人民的悲悯，但又因无力改变而悲伤。

夔州是三峡里的山城，这里的山川既雄壮又险恶。来到这里，杜甫的诗歌又获得了新的灵感，他的感受又大

第八章 魂归故里

不相同了。当他在白帝山上寻到八阵图时，看到任凭江流如何冲击，石头却依然如故。想到孔明创制的名扬千古的八卦阵，因为刘备的失策，破坏了诸葛亮想联吴抗曹的根本大计，所以成了千古遗恨，于是写成《八阵图》。在诗里，杜甫将怀古与述怀融为一体，为诸葛亮惋惜，也为自己空有报国志，却无用武之地而惋惜。

在这里，他看到白帝城的高，瞿塘峡的险，还有像滟滪堆、鱼复浦、瀼东、瀼西、赤甲白盐二山等，这些都给他留下深刻的印象。在这期间，他写成了许多极富特色的山水诗。

另一方面，夔州人民的生活也给他留下了深刻的印象。蜀吴两地自古以来就有麻盐等物资交流，万斛的大船来往如风。他看到船工们喊着号子在高浪中驾船飞速行驶，商贾们则只顾在阳光下赌博，于是将它们写进了《夔州歌十绝句》，用以记录自己在这里的见闻。

杜甫就是这样，尽管自己的处境很不妙，可是祖国壮美的山川，他依然热爱；苦难的人民，他始终记在心头。他手中的笔，总是带着悲天悯人的情怀，为天下苍生呐喊、歌唱。

一览众山的杜甫

那些前尘往事

767年夏天,杜甫新认识的朋友孟十二要去洛阳参加选官考试,一下子牵动了杜甫的乡思,于是他这样写道:

平居丧乱后,不到洛阳岑。
为历云山问,无辞荆棘深。
北风黄叶下,南浦白头吟。
十载江湖客,茫茫迟暮心。

——《凭孟仓曹将书觅土娄旧庄》

自从战乱之后,我再也没回过洛阳的土娄庄。为了寻访远离尘世之地,我不顾道路的艰辛。如今北风呼啸,黄叶飞落,我白发苍苍,在南国江边长吟。十年来漂泊江湖,如今仍有一颗茫然的思归之心。

那一天,杜甫送别孟十二,想到这些年到处一片混乱,自己的陆浑庄不知道变成什么样了,也许已经面目全非。因此他希望朋友能去看看，带回一些故乡的消息，以慰自己的思乡之情。

杜甫在这偏僻的山城，生活非常平静，过去的一切都在他眼前鲜活起来。他想起自己七岁写诗，少年游历，中年旅居长安，经历安史之乱，后来一直滞留巴蜀的经历，于是写成自传《壮游》。想起与李白、高适在梁宋漫游时的社会情况，他写成了《昔游》与《遣怀》。

在《又上后园山脚》一诗里，他回忆起自己早年登泰山的情景；在《往在》一诗中，他将安史之乱之后的大事一一拈来；在追忆长安往事时，杜甫还写了《宿昔》等八首五律。

一天早上，杜甫来到江边散步，远处驶来一艘归来的大船。杜甫回想到也是这个季节，自己和朋友一起野骑赏春、一起夜宿云楼的情景。想到同游的朋友早已离别，不知如今还有几人在世。即便在世的，由于年老体衰，相互之间的交往也自然停止了。自己就像大江上一叶等待归乡的孤独小舟，顿时心里又悲凉一片。想到这里，一首《怀灞上游》便诞生了。

还有壮年游猎的许多乐事，两京全盛时代，洛阳的土娄庄……一切的一切，都涌进了他的记忆。

他还想起那些与他生命有过交集的人物，其中有自己钦佩的张九龄、李邕；有已逝世的名将王思礼、李光弼，有给他很大帮助的李琎、严武，还有他很亲密的朋友郑虔、苏源明。每到夜深人静的时候，杜甫就会想起与他们在一起的日子，于是为他们每人写了一首长诗，名为《八哀诗》。

767年10月19日，杜甫在夔州长史元持的家里看到流落到山南的临颍李十二娘的剑舞，有一种似曾相识的感觉，原来她是公孙大娘的弟子。在一问一答之间，杜甫想起了他孩提时代观看公孙大娘剑舞的情景。

曾经的过往，在杜甫饱经沧桑的生命里鲜活起来，填满了杜甫的闲暇时光。与世隔绝的大山生活，那些走进他生命的前尘往事，盘活了他的记忆。

当然，他也没有忘记为人民发声，为时代带给人民的苦难呐喊。尽管再也与仕途无缘，但他忧国忧民的使命感依然未减。他想到这乱世里，统治者总是横征暴敛，黎民连吃糠籺（非常粗劣的食物）都不够，不禁呐喊："富家厨房的肉都放臭了，战地百姓只剩下累累白骨。荒唐啊，那些剥削者！"他还劝告那些品行恶劣的年轻人，不要任意挥霍金钱，要体恤人民的疾苦。

第八章 魂归故里

归去，旧梦无痕

767年的重阳节，杜甫拖着病重的身体，独自登上白帝城外的高台，看着萧瑟的秋江景色，想起自己的人生境遇，不禁悲从中来，于是写下了著名的《登高》一诗：

> 风急天高猿啸哀，渚清沙白鸟飞回。
> 无边落木萧萧下，不尽长江滚滚来。
> 万里悲秋常作客，百年多病独登台。
> 艰难苦恨繁霜鬓，潦倒新停浊酒杯。

天高风急，猿啸声声似乎蕴含着无限悲哀，孤洲沙白，只有沙鸥不时在回旋。无边无际的落叶纷纷飘坠，奔腾不息的长江滚滚而来。离家万里，悲叹自己经常漂泊他地，衰老多病，寒秋中独自登临高台。世事艰难，可恨秋霜凝染了我的双鬓，穷困潦倒，不得不放下这浇愁的酒杯。

这首诗既有杜甫对个人穷困潦倒生活的深沉感叹，也有对壮志难酬的哀怨，还有对祖国多灾多难的忧愁和对人民苦难命运的关怀。其中诗句"无边落木萧萧下，不尽长江滚滚来"因其气势磅礴，境界阔大，雄浑苍凉，有声有色有动感，而成为千古传诵的名句。

杜甫虽然自己有很多遗恨，但忠君爱国之心一点也没改变。当听到吐蕃败退时，他喜出望外，用无比激动的心情将这一盛况写进《喜闻盗贼蕃寇总退口号五首》里，以赞颂玄元皇帝的圣明智慧。在诗中，杜甫还说他是神话中的云中君主。

此时的杜甫，不仅关心着国家，也关怀着底层人民。当他自己的旧居新主人吴某给枣树筑上篱笆，以防止隔壁的老妇人来自家院里打枣时，杜甫这样劝他说：

"（老妇人）来堂前打枣我从不阻拦，因为她是一个孤苦无依的老妇人。当下又兵荒马乱的，官府征租逼税，她已经一贫如洗。想想，如果不是由于穷困怎么会做这样的事？"

他将劝阻和同情写在了诗作《又呈吴郎》中。同年，杜甫的弟弟杜观在荆州附近的当阳安家后，就不断写信给他，劝他出峡。杜甫虽然在夔州，生活可以维持，可是气

第八章　魂归故里

候恶劣，朋友稀少，所以他也没打算久住。如今又得到弟弟的来信，更增强了他出峡的念头。

于是，他将自己的家当处理完毕后，出了峡，打算在荆州停留一段时日，然后北归洛阳。哪知他们刚到，动乱又起，吐蕃又作乱了，于是只好放弃计划，留在荆州。

此时，他能从亲友那里得到的帮助非常有限，他不得不在江陵幕府中工作。在那里，他受尽了官员的冷遇。他说话吞吞吐吐，害怕别人作为逸言的把柄。他经历了太多事，知道心直口快也会闯祸。可尽管这样，他还是穷得揭不开锅。饥饿，逼得他挨家挨户去借米。愁闷，又使他拿着酒杯到处要酒喝。

他的生活一天比一天恶劣，身体一天比一天衰老。他耳聋了，别人说话时必须把话写在纸上；右臂偏枯了，就连书信也得由儿子代写。他拄着拐杖去拜访同僚，门童不给通报。想乘轿子，又没有钱去雇。他把自己在这里的生活写进了《秋日荆南述怀》等诗里，从这些诗里可看出，当时的社会对一个伟大的诗人是多么残酷呀！

他的生活在江陵不能维持，只好迁居到江陵以南的公安。后来公安也发生动乱，他又乘船到了岳阳。尽管自己境况如此窘迫，可他仍然没有放弃作为诗人的责任——

用诗歌来反映生活。暮冬时节,他看到洞庭湖边,身处乱世的人民的悲惨生活,写出了他晚年最重要的杰作《岁晏行》。

随后,他又从岳阳乘船经过潭州到衡州(今衡阳),途经许多激流险滩,后来他把这一路上的见闻写成了《遣遇》和《客从》。他到衡州,原打算投奔衡州刺史韦之晋,结果还在路上时,韦之晋已改为潭州刺史。他刚下船,就不得不和韦之晋告别。而且韦之晋刚到潭州,不久后就去世了。杜甫四处碰壁,不得不在夏天离开衡州,来到潭州。之后的一年半时间,船就成了他的家。残废多病的他,有时在渔市上摆摊,靠出卖药物来维持生活。

4月的一天夜里,潭州城里忽然火光冲天,潭州大乱。杜甫不得不带着妻子儿女驾上小船,来到他曾经到过的衡州。在衡州,他计划南下郴州,因为舅父崔伟在那里任录事参军。可他刚到达耒阳县境内,就遇见江水大涨,只好停泊在方田驿,五天都没得到食物。后来,耒阳县令得知这个消息,立即写信问候他,并给他送来了丰富的酒肉,杜甫非常感激。

这下无法去郴州了,他只好改变计划,想北上汉阳,沿着汉水回长安。可是由于长期的水上生活,他的疾病加

第八章 魂归故里

剧，再加上贫困，他再也无法走出去了。他倒卧在船中，透过窗户看到窗外的景物是如此苍茫萧瑟。想到天下大乱，都过去这么久了，战火兵乱依旧。因为长安还未解除战争的威胁，洛阳久无信来。想到自己长年客居，心生畏惧，一入他乡便得问禁随俗。又想到家人跟着自己四处漂泊，受尽苦难，不觉泪如雨下。他倒伏在枕头上，用仅剩的力气写下一首三十六韵的长诗《风疾舟中伏枕书怀》，这是他生平写的最后一篇作品。

写完这首绝笔诗不久，诗人便怀着至死未见风尘清的遗恨，走完了艰难的人生旅程，享年五十九岁。他死后，家人无力安葬他。他的灵柩旅殡于岳阳，四十几年后才由其孙杜嗣业归葬于偃师首阳山下。

这位在垂死之际仍然为家小国运操心的慈祥而凄切的老人，用他卓越的诗歌才能，高尚的悲悯情怀，记录着这个朝代，感动着一代又一代后人。

诗词延伸

登岳阳楼

昔闻洞庭水,今上岳阳楼。
吴楚东南坼,乾坤日夜浮。
亲朋无一字,老病有孤舟。
戎马关山北,凭轩涕泗流。

诗意

早就听说过洞庭湖水烟波浩淼,如今终于登上了岳阳楼观看。吴楚被大至分为东南两地,日月星辰仿佛都漂浮在洞庭湖上。亲朋好友音信全无,我年老多病,仿佛一叶孤舟。靠着窗户,我想到北方边境的战争依然没有停息,忍不住泪水横流。

诗说

　　此诗作于大历三年(768)冬。当时诗人生活无以为继，各种疾病也接踵而至。那一年，他漂泊在江湘一带，来到岳阳，拖着病体，登上向往以久的岳阳楼，凭轩远眺，有感而发，写下了这首诗。

首联诗人用"昔"和"今"对比，突出了自己终于实现愿望的喜悦心情。颔联从"大"处着手，用了比喻的修辞手法来描写洞庭湖广阔无垠的壮观景象。全句虽然没有一个"水"字，但无论是写实，还是想象，都能让人感受到水之壮阔。颈联从"小"处着眼，主要在写诗人现实的处境：孤苦无依，年老多病还不得不四处漂泊。尾联写诗人遥望关山北，想到战火还未停息，国家和人民还处于危难之中，自己报国无门，忍不住泪如雨下。

全诗跳跃性很强，心情由"喜"到"悲"，境界由"大"到"小"，循环往复，虚实相生，描写与抒情相结合，将一位忧国忧民的诗人的无奈又无助的感受表达得淋漓尽致，悲慨中有雄伟壮阔的意境，是历代传诵洞庭湖的名作之一。

愿少年读过的诗词，藏于心间，照亮人生。